Der Hiddenseer Knopf

MATTI SUND

Der Hiddenseer Knopf

… und andere Erzählungen

Mit einem Inselmärchen für Groß und Klein

Die Handlung und die handelnden Personen sind frei erfunden, Ähnlichkeiten mit lebenden Personen ggf. zufällig und unbeabsichtigt.

Inhalt Seite

Sund-Gedanken

Mien lütt' Ostseepierd

Zur Einführung

Oh, es gibt so viel Hiddensee-Literatur. Bücher über Bücher, ganze Buchwände. Und trotzdem stelle ich eines hinzu …

Als gebürtiger Stralsunder und seit Jahrzehnten immer wieder Inselgast, kenne ich Reiseführer und Sachbücher, historische Abhandlungen, Naturbeschreibungen, Romane, ich weiß, dass es Krimis gibt und mag Biografien und Künstlerbeschreibungen, die mit diesem Eiland eng verbunden sind. Wie haben andere die Insel erfahren?

Die Insel Hiddensee forderte Einheimische und Besucher schon immer dazu heraus, sich an ihr künstlerisch, dokumentierend, beschreibend, sammelnd und forschend abzuarbeiten oder zu reiben, sich zu erinnern. Das besondere Flair prägt sich Ankommenden und Verweilenden ein. Es regt an.

Vor Jahren vernahm ich, dass Oskar Kruse, Bruder des Bildhauers Max und Schwager der Puppenkönigin Käthe Kruse, auf seiner Lietzenburg Künstler und Freunde versammelte, um ihnen schaurige, schnurrige, erfundene Geschichten zu erzählen. Onkel Os, wie ihn die Inselbewohner nannten, hatte eine blühende Fantasie.

Dann fand ich eine Beschreibung dieser Veranstaltungen. Wilhelm Schmidtbonn, selbst ein Schreibender, schilderte die Begegnungen bei diesen häufigen Sessionen:

„Abends aber sitzt er im Lehnstuhl, in Lederstühlen seine Gäste, der Pfarrer, der Lehrer, der Verwalter, der Privatgelehrte, der Musiker, der Schriftsteller. Dann erzählt er. Erst ein wenig eintönig, und scheint dabei über sich selbst zu spotten. Dann fängt er an langsam unglaubhaft zu werden, und nun spottet er über die verlegenen, erschreckten Gesichter derer, die ihn noch nicht kennen. Und endlich fängt er offen zu lügen an, ein neuer Münchhausen, und während alle befreit auflachen, erschrickt er nun vor sich selber, wird von einem Fieber gepackt, kann nicht mehr aufhören, gräbt sich in ein Labyrinth, in dem er, in noch tieferen Winkeln, Grauenhaftes zu sehen scheint, das er nicht auszusprechen wagt." *

Paul Fechtner, ein Berliner Literaturkritiker, hinterließ uns seine Sicht: „Er gehört zu den bei uns nicht eben häufigen Talenten des unmittelbaren Erzählens aus einer blühenden, spielenden, ständig nachwachsenden Phantasie." **

Oskar Kruse-Lietzenburg hat Flunkereien, Grotesken und Fantastereien zum Besten gegeben, die ihm Wind, Wellen, rauschende Bäume und heulende Stürme oder auch der weit schweifende Blick von seinem Ausguck eingaben – wir kennen seine Zuhörer als bekannte Zeitgenossen, über die und von denen es noch heute Poetisches, Prosaisches und Lyrisches, zu lesen gibt.

Das hat mich inspiriert!

Mich reizte es nicht, noch ein Buch über die Hauptmann, Nielsen, die Manns, Ettenburg, Billy Wilder, Niemeier, die Kruses … zu schreiben.

Mich reizte es, die Insel in ihrer Rauheit, Ursprünglichkeit und Schönheit schöpferisch anzunehmen und dann auch *meiner* Fantasie freien Lauf zu lassen, zu fabulieren, zu schauen, was klare Luft und bewegtes Wasser, rauschender Strandhafer, Spaziergänge und Wanderungen mit einem machen, Hiddensee als Handlungsort, Einheimische und Touristen als Akteure, aufziehen zu lassen … aber eben keine neue Sammlung zu kreieren, die sich an Fakten und Forschungen, an Überlieferungen sowie an Historie festmacht.

Ich wünschte mir, Hiddenseer und Gäste mit erfundenen, erdachten Insel-Geschichten zum Nach-Denken zu bewegen.

Man trifft sie auch in meinen Fantastereien und Erzählungen, Märchen und surrealen Erlebnissen, die Bernsteine, den Goldschmuck, die Tierwelt mit ihren Kreuzottern, Seeschwalben, Lachmöwen, Schafen und Pferden, die Hiddenseer, und Tante Büchsel …, vor allem aber die Orte, die Heide, die Hucke, den Bessin, den Gellen, den Schluckwieksberg, die Häfen …

Bei Lesungen und Präsentationen höre ich auch zu meinen anderen Büchern die Frage: Ist das wahr oder erfunden?

Finden Sie es heraus! Einiges ist schon wahr und

anderes ist nichts als Spökenkiekerei und Spintisiererei. Schließlich möchte ich, dass Sie schmunzeln oder sich gruseln, dass Sie nachdenken und den Kopf schütteln, dass Sie miteinander grübeln und sich darüber unterhalten, dass Sie aufwachen und über das am Abend Gelesene nachdenken. Ich möchte Sie im besten Wortsinn *gut* unterhalten und anregen, sich hier auf diesem Land im Meer in Form eines Seepferdchens, *mienes lütt' Ostseepierds,* wohlzufühlen!

Und weil ich viele von Ihnen erreichen will, schreibe ich unterschiedliche Geschichten auf: ein bisschen Krimi, eine Reise in die Zukunft und eine in die Vergangenheit, kleine Humoresken und Dialoge, ein wenig Selbstreflexion und Monolog, viel Beobachtetes, was Sie wiedererkennen dürften … Ach ja, und ein Märchen, eine Einschlafgeschichte für kleine und große Geister, von Ihnen vorgelesen als Kindgebliebenem/r. Diese Leuchtturmgeschichte ist als einzige Erzählung in diesem Buch an Kinder adressiert. Lassen Sie die Kleinen auf der Insel damit einschlafen, träumen und eigene Geschichten weiterspinnen.

Vor allem möchte ich, dass sich meine Leserinnen und meine Leser wiederfinden. Deshalb habe ich Ihnen auf der Insel aufmerksam nachgelauscht und Ihnen zugeschaut …

Ja, genau – es könnte sein, dass genau *Sie* hier mitspielen!

Onkel Os hätte ich meine bescheidenen Geschichtchen gern vorgetragen und mich mit ihm ausgetauscht.

Und, Os, was meinst Du?

*Michael Baade/Wolf-Dietmar Stock, Hiddensee. Insel der Fischer, Maler und Poeten, S. 33, nach Wilhelm Schmidtbonn, Die unerschrockene Insel, München, 1925

**ebenda

Ankunft auf der Insel

Inselurlaub I

Vitte

Das Typhongebrüll der MS Gellen schwillt in Vitte kurz aber lautstark an. Das Motorschiff läuft in den Hafen ein und vollzieht ein kühn erscheinendes Anlegemanöver. Die das Schiffchen verfolgenden Möwen drehen ab. Der Festmacher vertäut die kleine Fähre mit wenigen Handgriffen an der Pier. Er legt die Gangway an.

Fröhlich lachende Passagiere lehnen auf dem Oberdeck an der Reling. Sie mischen sich nicht in das

Gedränge unten vor der Abgangsbrücke. Der Urlaub hat für sie längst begonnen.

Mit dem Verklingen der Maschinengeräusche werden die Stimmen der Anreisenden vernehmbar:

„Endlich Urlaub. Ich freu` mich so, Bohne."

„Toll, wie der angelegt hat, ein weicher Bogen, Abbremsen, Heranschwenken und Stehen. Das war großes Kino!"

„Das macht der jeden Tag ein paar Mal. Wie schnell du zu beeindrucken bist, Biene."

„Ja, und das war trotzdem gut!"

„Du meinst, ‚der war gut'! Kaum hat einer `ne Uniform an, schon findest du *den* gut. Ich bin froh, dass ich mich bei der Überfahrt nicht übergeben musste."

Die ersten Passagiere drängen über die Gangway. Sie schleppen Hüte und Schirme, Regen- und Sonnenschirme, Koffer, Rucksäcke, Hunde, Fahrräder, Windschutze und Strandmuscheln, Kinder und Campinggrills. Viele reden und rufen durcheinander:

„Weißt du nu` schon, wo der Hundestrand is`?" … „Is` Oma da, hat eener Oma jeseh`n?" … „Pass` auf, fall nich` im Wasser!" … „Ich freu` mich so, kommste, Dicker?" … „Haste jefragt, wo FKK is`?" … „Is` Oma da? Hat eener Oma jeseh`n?“ …

„Oh Mann, dat wird scheene hier.“ …

„Nu` gucke da, der Gapitän, da war der Gapitän, oh, der hat vier Streifen und so`n weißet Hemd. Mann, is` der fein!“ …

„Da steht Oma, die is` schon draußen, jetzt hab` ik Oma jeseh`n. Du ooch?“

Ein Pärchen um die 50 ist vom Schiff geklettert, hat die Räder entladen und zwei wuchtige Koffer daneben aufgereiht. Der Festmacher hatte ihnen geholfen, Gepäck und Pedelecs von Bord zu bringen. Schick sieht er aus mit seiner blauen Latzhose, seinem roten Hemd und mit der roten Kragenschwimmweste. Die beiden amüsieren sich über die hektischen Abstiegsszenen der anderen Urlauber. Sie beobachten vor allem einen Fahrgast:

„Hast du mitgekriegt, Anne, wie der mich angeschnauzt hat, als wir an Bord gegangen sind?“

„Ja klar, wir hatten uns da drüben in Schaprode nicht angestellt, Hansi, da musste ja einer meckern.“

„Ich hatte nicht gesehen, dass da `ne ‚Schlange‘ anstand. Da kam eines zum anderen. Ein bisschen aufgeregt war ich, die Karten in der Hand, das Rad und den Koffer, dich, Liebling, im Schlepptau …“

„Und plötzlich faucht der dich an, ich dachte, ich höre nicht richtig.“

„Mmh. ‚Haben Sie nicht gesehen, dass wir hier auch alle warten? Ab jetzt, nach hinten! Da ist das Ende, ja richtig, da, da, da... Erst komme ich hier, denn ich stehe schon seit einer Stunde an. Noch nie was von ‚Einreihen‘ und ‚Anstellen‘ gehört?‘“

„Ja, und dann steckte der die Ellenbogen raus, kippte dein Rad fast um und drängte als Erster auf`s Schiff. Ich dachte, der will dich rammen.“

„Und wie der mich während der Fahrt angestarrt hat. Beängstigend!“

„Siehste Hansi, das hat er jetzt davon. Er lehnte sein Rad an die Reling und die Leute stellten ihre davor. Wir als letzte.“

„Genau, wir entspannen jetzt an Land und er wartet, dass er seinen Drahtesel kriegt und auschecken kann. Der guckt her … Mann Anne, du kannst dem doch nicht winken … Wir sind hier auf einer Insel und sehen den immer wieder.“

„Na und? Ich bin freundlich …“

Inzwischen drängen erste Mitreisende aus dem

Hafen und marschieren mit ihrem Gepäck Richtung Inselkern zu ihren Quartieren. Es scheint, als wären sie ‚Wiederholungstäter' und müssten sich nicht erst orientieren. Die Zurückbleibenden werden immer lauter:

„Ooch guck mal, wollen wir gleich essen gehen? Da sind so viele Restaurants: Fischerklause, Fischbistro, Hafenkater und Fischhalle. Überall gibt es Fisch!"

Der Partner ergänzt: „Genau, und einmal Kater! Du hast doch auf der Überfahrt so viel gefuttert, Liebling!"…

„Zähl` ma` die Koffer durch, für uns alle müssen das sieben sein" … „Kiek ma`, Fischerboote. Und die Namen: ‚Angela Vitte', ‚Vit 54 Rambo', ‚Marmorate', ‚Pfadfinder Vitte', ‚Vit 57 Anna-Lena' – das heißt, wie deine Mutter! Und da, das schicke heißt ‚Nausikaa'!" …

„Nur, dass das ein Seenotkreuzer ist. Die Besatzung würde dich retten, wenn du über Bord gingst." …

„Na, ich hoffe doch, dann hättest du mich längst aus dem Wasser gezogen!" …

„Vielleicht, Liebling, vielleicht!"…

„Ja, die Fischerboote sind wohl nur noch Urlaubergedöns, die dürfen doch eh nichts mehr fangen, liegen da nur noch zum Angucken."

„Haste jetzt gezählt, alle sieben da?“ …

„Wir sind hier doch nicht im Flughafen, klar sind alle da. Wo sollten die sein?“ …

„So, Kinder, Handys aus, hier ist jetzt Urlaub, weg mit den Dingern. … Handy aus, Mann, Handy aus!“ …

„Haste den Voucher?“ … „Wat soll ik haben?“ … „Den Voucher für das Hotel! Das ist der Zettel, wo draufsteht, wo wir wohnen. Hab` ik dir doch jegeben.“ … „Mir gegeben? Nich`, dass ich wüsste, immer soll ik Schuld sein. … Ach ja, *den* Zettel, ja, *den* hab` ik.“

Oma steht da, als ob sie nicht dazu gehört. Geblümtes Kleid, weißes Strohhütchen, kein Koffer, eine Bilderbuchrentnerin wie aus dem Katalog beim Nichtstun:

„Oma, hier sind wir. Sie hört nicht. Na, dann lassen wir sie stehen und holen sie bei der Rückreise ab, Schnurzelchen.“ … „Du bist böse, ist ja auch nicht deine Mutter!“

„Habt ihr schon den Handyempfang gecheckt? Gut hier?“ …

„Siehste, die dürfen ihr Handy anhaben, Papa.“

„Macht mal einer ein Foto? Aufstellen zum Foto. Ja, dort am Schiff.“

Wie auf Kommando ziehen etliche der im Hafen Stehenden ihre Handys oder Kameras aus den Taschen und Rucksäcken. Verschiedene Grüppchen reihen sich zum Foto auf. *Fotografierst du mich, fotografier ich dich!*

„Peter, zieh` den Bauch ein! Und jetzt Brust raus! Was das wohl am Strand mit dir wird – wir kriegen Hochwasser! Noch ein Stück zurück, noch ein Stück, stopp, sonst fällst du ins Wasser! Können Sie uns mal knipsen? Ich kann dann auch … Ja danke, Moment, ich gucke. Geht so, aber die Füße, Sie haben die Füße nicht, können Sie nochmal? Sonst knips ich Ihre Füße auch nicht! Danke, danke, danke, Sie sind ein Schatz …"

Einige Tagestouristen klettern auf zwei unförmige lange Planwagen mit Stoffdach. Bei Regen lassen sich Seitenwände mit Plexiglasscheiben aufrichten. Die Gäste werden eine Inseltour unternehmen und sich während der Fahrt die Sehenswürdigkeiten der Insel erklären lassen. Staunend begutachten Städter die hellbraunen schweren Falben mit ihren wuchtigen schwarzen oder hellen, farbig abgesetzten Mähnen und Schweifen und mit dem Haarschmuck über den Hufen. Der Kutscher beginnt mit seinem Vortrag:

„Unsere Inselpferdchen sind vor allem Norweger, Haflinger, eingekreuzte Mecklenburger Kaltblüter und Holsteiner. 70 Pferde traben auf der Insel herum."

Eines der Kinder darf beim Kutscher sitzen. „Guck mal, die Pferde haben Schlaghosen an!", zeigt der Kutscher auf die Haarbüschel über den Hufen.

„Schlaghosen? Was ist das denn?"

Andere haben inzwischen die Handwagen von den Pensionen, Hotels und Privatunterkünften inspiziert, die hier stehen. Sie lesen die Hinweise auf die Reiseziele: Villa Putbrese, Hus Strandgut, Windflüchter, Heiderose, Norderende, Seemannshus, Godewind, Dünenheide …

„Was heißt ‚Hus', Papa, klingt wie ‚Mus'! Wozu sind die Karren da?" … „Damit können Urlauber ihre Koffer, Taschen und Eltern vom Schiff aus zu den Unterkünften ziehen." … „Ja, danke Papa, ich ziehe dich nicht!"

Die meisten der Gefährte haben Zahlenschlösser an Drahtseilen, mit denen jeweils ein Rad gesichert werden kann. Ein Urlauber dreht sich zu seiner Familie um. Er scheint genervt und verzweifelt:

„Siehste Elfie, die haben uns den Code nicht gegeben. Da am Wagen steht der Name der Pension dran. Da steht der Name und da liegt das Schloss. So! Jetzt können wir schleppen, na viel Spaß auch! Ich wusste doch die ganze Zeit, dass das schief geht." …

„Aber, das Schloss ist doch …"

„Ja, sag ich dir doch. Ein schweres Schloss mit Drahtseil. Und jetzt?"

„Pack die Sachen hinein, Jochen, das Schloss liegt lose im Wagen. Hier ist nichts angeschlossen."

„Das ist ja noch schöner. Muss ich denen nachher sagen, dass der Wagen nicht angeschlossen war."

„Ich will, ich will, ich will … den Handwagen ziehen. So gerne. Ich fühl` mich wie bei den Kindern von Bullerbü!"

Eine Urlauberin hat sich in eins der Gefährte gesetzt. Sie lacht. Als sie nach hinten rutscht, kippt der Wagen über und sie liegt mit in der Luft zappelnden Beinen auf dem Rücken und kann sich nicht aus ihrer misslichen Lage befreien. Aus ihrem fröhlichen Lachen wird ein nicht endend wollender Lachkrampf. Sie versucht verzweifelt, sich aufzusetzen. Die Umstehenden lachen mit. Schnell sind helfende Arme zur Stelle. Die Rettung geht nicht ohne Kommentare ab:

„Na, wollten Sie sich unbemerkt absetzen?" … „Alles gut verladen? Kann es losgehen?" … „Soll ich helfen oder möchten Sie erst noch entspannen?“

Eine Urlauberin fragt den Festmacher:

„Wo geht es denn bitte schön in den Ort?“

Der Mann ist ein Spaßvogel. Er holt mit dem Arm aus und macht eine kreisende und weite Bewegung.

„Dahinten, in diese Richtung bitte schön, da finden Sie das Inselzentrum.“

Die Dame antwortet:

„Und ich wollte Wanderschuhe anziehen, hätte ich mal.“

Verlegen und leise dankend wendet sie sich ab, als der Festmacher ergänzt, dass sie sich etwa 150 Meter bewegen müsse, um am zentralen Ortspunkt zu stehen. Er feixt. Sie hört nicht, wie einer der vorbeiradelnden Fischer ihr am Deichfuß hinterherruft, dass dort auch die Straßenbahn abfahren würde.

Ein vom Schiff kommendes Pärchen steht mit riesengroßen Rucksäcken oben auf dem Deich. Sie wenden sich noch einmal dem Schiff zu, das sie zur Insel herübergebracht hat. Die junge Frau merkt auf:

„Guck mal Flämmchen, die haben nur ein winziges Rettungsboot für vielleicht acht Menschen und ich sehe ganze drei Rettungsringe. Wenn wir gesunken wären? …“

Flämmchen lächelt, fasst seiner Liebsten in die Haare:

„Ich hätte dich gerettet und dann sofort im Hotel mit einem großen Handtuch trocken gerubbelt!“

Im Hafen ist wieder etwas Ruhe eingekehrt, es wird nicht lange dauern, dann läuft das nächste Schiff ein. Der Urlaub startet und der Urlaub endet hier.

Aber erst einmal beginnt er, es werden schöne Tage!

Der Hiddenseer Knopf

Eine Erzählung

Gellen und Bessin

Noch vor wenigen Wochen hätte ich gesagt:

Ich suche nichts. Nicht mehr. – Früher suchte ich immer etwas: Bestätigung, ehrgeizige Ziele, wertvolle Antiquitäten, Gemälde der Inselmalerin Elisabeth Büchsel, fremde Ufer, neue Bekanntschaften, gute Geschäfte, viel Sinnloses. Heute bin ich nicht mehr auf der Suche. Wie viele andere habe ich alles. Ich bin dabei, auszudünnen, zu ordnen, wegzuschmeißen: Gegenstände, schlechte Bücher, unnötigen Ballast, falsche Freunde …

Ohne bewusst danach zu suchen, fand ich kürzlich etwas, was die letzten Tage auf den Kopf stellte. Und zwar dort, wo es nicht weiter geht, so, wie sich manches Mal etwas Neues erschließt, wenn man nicht weiter weiß. Gerade dann findet sich oft ein Ausweg.

Ich stöberte nicht. Dabei stand ich inmitten derer, die um mich herum die Blicke auf die Erde senkten und im Sand, zwischen Stein- und Seegrashaufen wühlten: kurz vor dem letzten, den Zugang versperrenden Zaun, vor dem Beginn zur Kernzone des Nationalparks am Strand auf dem Gellen.

Vermutlich suchen an diesem Ort viele etwas, weil sie meinen, dass hier, wo die Welt zu Ende scheint, man eher etwas fände, als anderswo auf der Insel. Oder der Such(t)trieb wird vor der Drahtsperre ausgelöst, weil sie eigentlich gern hinter dem Zaun im Sand wühlen würden. Was man dort alles entdecken könnte, wo die anderen nicht hinkommen …

Sicher vermutet mancher einen weiteren Hiddenseer Goldschmuck, ein Stückchen nur …, einen Bernstein, kiloschwer, weil die Bernsteinpreise immer noch fröhlich sind … Sie sondeln. Nach Metall. Wollen sie Schrott abgeben?

Ich also, ich suchte nicht. Aber ich fand!

Mir fiel das rostige Plättchen kurz vor dem Strandaufgang fast nicht auf. Es rutschte mir in die Sandale. Ich spürte den sperrigen Fremdkörper unter dem Fuß, bequemte mich aber erst, das Ding oben unter den Windflüchtern am Fahrrad aus der Sandale zu befreien.

Der Sand rieselte aus dem Schuh und dieser kleine, fast schwarze Gegenstand – vielleicht ist er braun, ich bin farbenblind – fiel herunter und hüpfte prompt in meine andere Sandale. Ha, das wollte zu mir!

Mit dem zweiten Versuch hielt ich das unscheinbare Etwas in der Hand, unregelmäßig rund, vielleicht 2,5 cm breit und knapp vier Millimeter hoch, mit leicht gewölbtem Rand und einer erhabenen, einen Millimeter breiten Abschlusskante und, wie ich erst jetzt sah, mit vier leinsamengroßen Löchern, die mittig sitzen. Aus den Löchern heraus kreuzten sich millimeterbreite Bänder aus unbestimmtem Material. Das Dingelchen war leicht, schien ein wenig verkrustet, die Oberfläche rau, nicht eben ein griffiger Handschmeichler. Rückseitig ertastete ich einen konkaven Hohlraum.

Und es schien irgendwie … alt.

Ich schirmte es mit der Hand ab, als einige der Suchenden an mir vorbei zu ihren Fahrrädern gingen. Sie hatten wohl nichts aufgesammelt, nichts gefunden …

Auf der Heimfahrt zur Pension ging mir vieles durch den Kopf. Worum handelte es sich bei meinem Fund? Um eine Münze? Aber mit Löchern? Um ein altes Maschinenbaustück? Was hatte es hier zu suchen? Wie wäre es hierhergekommen? Verlor jemand dieses seltsame Teil mit den vier Löchlein? Um was für ein Material handelte es sich? Der Farbe nach Horn? Dem Gewicht nach Metall, vielleicht gar Gold oder Silber? Weshalb lag es hier in dieser menschenleeren Gegend im Sand? Wie lange schon?

Eine aufdringliche Mücke unterbrach meine Grübelei. Sie stach mich unter den Rändelbefestigungsknopf meines Fahrradhelmes. Genau unter den Knopf.

Ein Knopf! Mir schoss ein, dass ich einen Knopf gefunden hatte.

Das Fundstück blieb rätselhaft. Handelte es sich um einen Uniformknopf oder um einen alten Trachtenknopf?

Nach dem Abendessen beschäftigte ich mich mit meinem „Schatz“. Zunächst versuchte ich, das

Ding unter fließendem Wasser zu reinigen. Aber mein Knopf war blitzsauber. Nur irgendwie verschorft, verkrustet, alt geworden.

Ich kratzte mit einem Messer an der Seite und stellte die stümperhaften Bemühungen sofort erschrocken ein. Ein wenig der Patina platzte ab, die Kante blinkte auf, nur ein Millimeterchen, aber ausreichend, um festzustellen, dass ich einen silbernen, stark oxidierten Knopf in der Hand hielt.

Von dieser Sekunde an verlief mein Hiddensee-Urlaub, schon Dutzende Male in seiner Beständigkeit, Einmaligkeit und Schönheit geübt, anders als gedacht und geplant. Dieses kleine durchlöcherte Metallplättchen bestimmte die Gestaltung der sich anschließenden Tage. Nicht nur, dass ich allen Bekannten und Unbekannten, anreisenden Freunden, Pensionsbeschäftigten, der Buchhändlerin, den Kapitänen und auf Bänken Verharrenden von meinem Erlebnis berichtete, ihnen meinen Schatz zeigte, nein, ich plante, wie ich weiter vorgehen würde.

Zunächst strampelte ich am Folgetag mit dem Rad zum Ort des Geschehens. Ja, Sie kennen sich aus, ich raste die vielen Kilometer von Kloster zum Gellen, um zu suchen. Ich war ein Suchender geworden …

Immer wieder fingerte meine Hand am Lederriemchen, mit dem ich das Plättchen an der Gurtschlaufe der Hose befestigt und es daran hängend in meine Hosentasche versenkt hatte. Plötzlich trug ich so etwas, wie einen Talisman mit mir.

Auf dem Gellen angekommen, durchpflügte ich auf den Knien liegend Dutzende Quadratmeter Sand. Ich nahm die an mir vorüberziehenden Urlauber kaum wahr. Einige begannen in meiner Nähe ebenfalls im Sand zu wühlen. Wie bei einer Einkaufsschlange in knappen Zeiten – anstellen und mitmachen – und dann erst fragen, was es gibt.

Nichts. Wir alle fanden nichts. Da konnte ich meinen kleinen neuen Glücksbringer in der Hand drücken, wie ich wollte.

Abends, bis weit nach Mitternacht, saß ich vor meiner Pension im Freien, weil hier das Internet besser funktionierte, und durchforstete es nach vergleichbaren Funden, nach Schätzen und bedeutenden Sammlungen. Ich analysierte die Gesetzlichkeiten, wie mit Fundgütern umzugehen wäre.

Von der Form her könnte es sich um einen Uniformknopf aus dem 16. oder 17. Jahrhundert handeln, die schlichte Verarbeitung spricht von vielleicht noch älteren Zeiten. Bald wusste ich alles über Uniformen, über Mönchguter Trachten und davon abweichende Bestandteile der Hiddenseer. Wäre der Knopf das Überbleibsel eines verunfallten Seemannes nach einer Strandung bei der Ortsanfahrt nach Stralsund südlich des Gellens?

Ich konnte bald antike Münzen und seltene Knöpfe aus Silber wertmäßig taxieren, leider hyperventilierte ich, schlief nicht richtig und verlor immer mehr die Kontrolle über die Abläufe und Gegebenheiten.

Übermorgen, so plante ich es, würde ich meinen Urlaub vorfristig abbrechen und einen befreundeten Juwelier in meiner Heimat einspannen. Er müsste putzen und reinigen, Punzen suchen, Merkmale analysieren und … mir helfen, meinen Fund einzuordnen.

Morgen aber würde ich noch einmal versuchen, mich ein Stück weit zu erholen.

Ich ließ meinen sicherlich wertvollen Knopf Knopf sein, bemühte mich, ihn für einen Tag zu vergessen. Er baumelte vom Hosenbund in meine Tasche. Bald wüsste ich vieles mehr über ihn. Vorfreude durchflutete meinen Körper. Ein schönes, fast vergessenes Gefühl.

Zügig radelte ich nach dem Frühstück über Grieben zum Bessin. Hier, wo Hiddensee mit dem Blick auf den Leuchtturm und hinüber auf die andere Inselseite am schönsten ist, würde ich Abstand gewinnen und zur Ruhe kommen.

Ich stellte mein Fahrrad vorschriftsmäßig vor der Holzpforte zum Wanderweg ab und schritt zügig Richtung Beobachtungshochstand aus. Ich schaffte es, ein wenig in mich zu gehen, den Puls und den Blutdruck herunterzudrehen und das zu tun, was ich hier auf der Insel wollte. Ich genoss die Natur, lauschte den Vögeln, beobachtete große blauschwarze Mistkäfer links und rechts des Wegs, ich lag für ein Stündchen im Gras, bestimmte Rote Schuppenmieren, Rundblättrige Glockenblumen, Gewöhnliche Grasnelken, den Wiesen-Sauerampfer und die Gewöhnliche Goldrute. Ich schmunzelte über zwei Männer, die auf dem Boden über den Sand-Grasweg rutschten und etwas mit riesigen objektivbestückten Fotoapparaten ablichteten, was ich beim Vorbeigehen mit bloßem Auge nicht erkennen konnte.

An der Holzhütte angekommen, wich ich von meinem gesteckten Plan ab und zeigte Vogelfreunden, die mit einem gewaltigen Fernrohr eine Zwergseeschwalbe und ein Reiherpaar beobachteten, meinen Fund. Sie gaben sich – eigentlich aber wohl nur wegen meiner begeisterten Erklärungen – beeindruckt …

Ein so seltsamer Knopf, was für eine geheimnisvolle Geschichte …

Am Abend in der Pension angekommen, griff ich zu meinem Lederbändchen und erstarrte.

Das Fädchen und mein geheimnisumwitterter Knopf fehlten. Hektisch durchwühlte ich meine Tasche.

Kurzum, der Knopf blieb verschwunden. Ich sollte ihn nicht wiederfinden. Ich war für einige wenige Tage ein glücklicher, aufgeregter, stolzer, strahlender, angebender Forscher gewesen. Ich, der ich nichts gesucht, aber etwas gefunden hatte.

Die Geheimnisse des kleinen Silberdings aus dem Sand des Gellens konnte ich nicht entschlüsseln.

Die Reise meines Knopfes geht weiter. An anderer Stelle. Auf dem Bessin. Taucht er eines Tages wieder auf? Wem wird er sich zeigen oder wird er einfach nur weiter verwittern und vergehen? Wird seine gespeicherte Erinnerung im Sand begraben und ausgelöscht?

Mich hatte der Knopf gedrängt, mich zu verändern.

Ich bin heute ein interessierter und neugieriger Suchender!

Vielleicht entdecke ich eines Tages wieder … einen seltsamen und verlorengegangenen, uralten Knopf aus Silber und halte ihn fest, um alles über ihn zu erfahren.

Mich hatte der Knopf daran erinnert, wie ich einmal war.

Es gibt noch so viel zu finden.

Nicht nur Knöpfe!

Der blinde Passagier – irgendwann, bald

Eine Vision

Vitte–Schaprode

Der Kapitän der schmucken MS SCHAPRODE schwenkte mit einem kühnen Manöver von der Hafenpier 1 in Vitte, Richtung Fahrrinne, entspannte sich und erhöhte die Geschwindigkeit. Die entstehende Heckwelle lief zu einer weißen Gischt auf, über der sich die kreischenden Möwen im Fahrtwind des blauweißen Schiffes vom Ufer mit dem Schiff entfernten. Die erste Überfahrt heute, der Tag versprach schön zu werden.

In dieser frühen Morgenstunde standen noch keine Urlauber am Hafen. Auf dem nahen Deich lief ein Jogger gemächlich Richtung Pension ‚Lachmöwe' in den Ort hinein.

Aufmerksam fixierte der Seemann die grünen und roten Tonnen voraus und nahm Fahrt auf. Der Tag begann gut, wie viele dieser angenehmen Tage im milden Frühsommer.

Leise klopfte es. Ungewöhnlich, aber jemand klopfte.

Der strubbelige Haarschopf eines früh ergrauten Mittvierzigers schob sich in das Steuerhaus. Unwillig murmelte der verdutzte Kapitän:

„Keine Passagiere hier oben! Bitte verlassen Sie sofort den Leitstand!"

Der Kapitän pochte vor sich auf das Imitatholzpaneel unterhalb des Fensters. Nachdrücklich.

„Bitte lassen Sie mich meine Arbeit machen, ich muss die Tonnen verfolgen und Sie haben hier nichts zu suchen!"

Er drehte sich um und konzentrierte sich auf seine nicht ungefährliche Arbeit, die jeder wachen Sinneszelle bedurfte. An den Untiefen setzten immer wieder Schiffe und Boote auf. Unhörbar vervollständigte er den letzten Satz mit einem „Raus hier!“, war aber zu höflich, um dies laut auszusprechen.

Der Seemann nahm die flimmernden Ortungsgeräte und die Geschwindigkeitsanzeige in den Blick und vernahm das leise Klicken der metallgerahmten Kajütentür, das das Schließen anzeigte.

„Na also, geht doch …“

Noch während er über die Störung nachdachte, fasste ihm der in der Kabine verbliebene Eindringling auf die Schulter und sprach ihn an. Der Kapitän verriss das kleine Steuerrad und schrak zusammen.

„Verflucht, ich hatte Ihnen doch gesagt, dass Sie verschwinden sollen …“

Er blickte dem Eindringling in das Gesicht und ließ seinen Satz in der Schwebe. Irgendetwas stimmte mit dem kaputten Typen nicht. Die eng stehenden Augen aufgerissen, eine hochrote Gesichtsfarbe und eine starre Mimik zeugten davon, dass der Passagier entsetzt, verzweifelt, verwirrt … schien.

Der Kapitän drosselte die Geschwindigkeit. Er schob die lästige Hand von der Schulter und wies dem Störenfried den kleinen Stuhl neben dem Leitstand zu.

„Setzen Sie sich und verhalten Sie sich ruhig! Ich möchte wissen, weshalb sie hier eindringen und mich daran hindern, das Schiff ungestört zu führen. Das kann mit einer satten Anzeige gegen Sie enden!"

Irgendetwas hatte ihn daran gehindert, den wirren Typen hinauszuschmeißen und den kräftigen Decksmaat über Funk zur Hilfe zu rufen.

„Was ist so wichtig, dass Sie mich davon abhalten, meine Passagiere sicher zu befördern. Also, bitte schnell … und danach lassen Sie mich meine Arbeit tun. Also?"

Er nahm wahr, dass der Passagier sich sammelte, um dann stockend zu sprechen:

„Es tut mir leid, ich will Sie nicht behindern und keinen Schaden anrichten, aber ich bin in einer so aussichtslosen Situation, dass ich Hilfe benötige …"

Er flüsterte die Worte und presste beim Sprechen den Daumen seiner rechten Hand auf sein Handy. Die platte Fingerkuppe lief weiß an. Dabei zitterte sein dünner Arm, der Körper verkrampfte sich.

„Ich, also, ich weiß nicht, wo ich beginnen soll, es ist furchtbar, wie soll ich …"

Der Kapitän reagierte ruhig und gefasst. Er schob

dem Eindringling sein Wasserglas zu, dass er sich unmittelbar vor der Abfahrt routinemäßig gefüllt hatte.

„So, jetzt mal ruhig. Trinken Sie und dann erzählen Sie bitte, vielleicht kann ich Ihnen drüben in Schaprode helfen. Kann nicht so dramatisch sein, schließlich kommen Sie von der Insel und sollten sich gut erholt haben. Oder?"

„Ich, also, ich … bin ein ‚Blinder Passagier', ich bin kurz nach Mitternacht an Bord geklettert und hatte mich unter einer Persenning bis zur Abfahrt versteckt. Ich, mich darf …, nein, … es ist furchtbar. Was mache ich nur? …"

Während der Mann sprach, wechselte seine Gesichtsfarbe von hochrot in blass, er schwankte mit dem Oberkörper vor und zurück und fixierte sein Handy immer wieder mit starrem Blick. Nach wie vor hatte seine Sprechweise etwas von einem flüsternden aber trotzdem kreischenden Schreien.

„Junger Mann, wegen der paar Pimperlinge für die Überfahrt wird Ihnen schon keiner den Kopf abreißen, Sie wären nicht der erste, der es auf der Insel geschafft hätte, sein Portemonnaie so zu erleichtern, dass das Geld nicht für die Rückfahrt reicht. Ist schließlich alles teuer geworden. Wissen Sie was, ich lade Sie ein, gehen Sie an Deck und genießen Sie die Überfahrt. Sie sind mein Gast! Wir sind bald drüben."

Der Kapitän wies mit der Hand nach vorn auf die immer höher aufwachsende Insel Rügen, schwenkte den Tonnen folgend in Richtung eines entgegenkommenden Segelbootes, das routiniert auswich und blinzelte in die aufgehende Sonne.

Problem geklärt, dachte er, *der arme Kerl kriegt sich wieder ein.*

„Nein, Sie verstehen nicht, es ist furchtbar. Wenn Sie wüssten ..."

„Nun, dann erzählen Sie, ich bin ganz Ohr, auch wenn ich mich wegen der Untiefen konzentrieren muss. Machen Sie, wir sind in 25 Minuten im Hafen! Was gab`s denn so Schlimmes auf dem ‚Söten Länneken'?"

„Ich bin vor vierzehn Tagen auf die Insel gefahren und wollte mir fünf schöne Tage machen, mich von meinem Jobstress erholen, verstehen Sie? Ich führe eine kleine Künstleragentur als angestelllter Geschäftsführer. Wir haben die letzten Wochen geackert, um die bevorstehende Sommersaison abzusichern. Jetzt standen unsere Termine, es muss nur noch abgearbeitet werden. Mein Team hat mir eine Auszeit gegönnt."

Für einen Moment entspannte sich der Fahrgast.

Aber schon bei den nächsten Sätzen fror sein Gesicht wieder in die angespannte Maske ein und er begann erneut zu zittern.

„Ich hatte gepackt, mein Koffer stand im Flur und ich checkte noch einmal meine E-Mails, bevor ich das Haus verließ. Eine verlässliche Routine, um sicher zu gehen, dass ich mich für einige Tage aus dem Geschäft herausziehen könnte. Wenige Schriftwechsel blinkten auf, meine dienstlichen Kontakte hatte ich bereits umgeleitet. Schnell entsorgte ich einige Spams und wies E-Mails ab, deren Betreff mir nichts sagte. Da bin ich akribisch. Eine letzte E-Mail weckte mein Interesse. Zwar sagte mir der Absender nichts – ‚KI-Verleih@Hilfe.com' – aber die Betreffzeile machte mich neugierig: ‚Kostengünstige KI-Unterstützung im Job und privat'. Hätte ich nur nicht daraufgeklickt, um die E-Mail zu öffnen."

Der Kapitän beugte sich vor, um zu beobachten, was sich in der Fahrrinne direkt vor dem Schiff tat. Die Erzählung seines Gesprächspartners fesselte ihn.

„Und? Was ist geschehen, passiert ja erstmal nichts, wenn man eine E-Mail öffnet."

Sein mitreisender Erzähler schüttelte sich, als wolle er die Erinnerung abstreifen. Dann krächzte er leise weiter:

„KI ist ‚Künstliche Intelligenz'. Mich fesselte, was ich nach dem Öffnen der Datei lesen konnte: ‚KI hilft dir im Leben – wenn du es möchtest, regeln wir viele deiner persönlichen Angelegenheiten, du musst nicht aktiv werden. Genieße deine freie Zeit, lass uns für dich arbeiten! Wir sind werbefinanziert, dich selbst kostet unser Service nichts. Einkaufen, Bankgeschäfte, Kühlschrank auffüllen, deine Gesundheit unter Kontrolle halten, dich vor Schaden bewahren, Ärger von dir entfernen, Probleme blocken, dich absichern, Job und Privates in Übereinstimmung bringen – kein Problem, wir arbeiten im Hintergrund, du musst nur noch genießen!'

Ja, das klang gut, ich klickte auf den hervorgehobenen Link und lud eine App, die sich auf dem Desktop installierte. Dann schaltete ich den Laptop aus, verstaute ihn im Koffer, schlug den Deckel zu … mein Urlaub begann. Auf Hiddensee würde ich mich mit diesem tollen Angebot beschäftigen. Das passte zu meinem Kurztrip auf die Insel – ich plante, das Angebot zu nutzen. Noch nie gehört davon, dass die Künstliche Intelligenz schon so selbständig agieren könnte."

Der Kapitän schüttelte den Kopf:

„Und das Kleingedruckte? Haben Sie das meistens schreckliche Kleingedruckte nicht gelesen? Wer war der Anbieter? Das sagt einem der klare Verstand, dass da etwas nicht stimmen konnte!“

Der Erzähler guckte immer verschreckter. Krampfhaft übergab er sein Handy in die linke Hand, bemüht, das Mikrofon – jetzt mit dem linken Daumen – abzuschirmen. Er schüttelte den rechten Arm aus und stöhnte auf.

„Wenn ich das gewusst hätte! Ich kann das alles nicht glauben und komme mir vor, wie in einem grausamen Science-Fiction-Film. Ab der ersten Minute auf der Insel geriet mein Leben außer Kontrolle.

Zunächst aber freute ich mich: Kaum war ich in Vitte von der MS SCHAPRODE an Land gegangen, signalisierte mein Handy eine eingehende E-Mail kurzen Inhalts: ‚Genieße deine freien Tage! Entspanne und erhole dich so, wie es sich deine Kollegen wünschen! Wir übernehmen für dich die Kontrolle und die Organisation deines Urlaubs, damit du zur Ruhe kommen kannst. Einen schönen Urlaub, dein KI-Assistent.‘

Ich grinste in mich hinein – das ging gut los, und … das System wusste Bescheid, es erinnerte mich an mein Team und an die guten Wünsche meiner Mitarbeiter. Meine fröhliche Stimmung wuchs.

Nach dem Einchecken in der Pension – alles war

wie von unsichtbarer Hand vorbereitet, ich musste lediglich unterschreiben – blinkte eine neue E-Mail auf:

‚Willkommen im Hotel, wir haben für morgen Abend um 19 Uhr einen Abendessentermin im Restaurant ‚Zum Hiddenseer' geblockt und angefragt, ob sie deinen Lieblingsfisch Heilbutt servieren können. In der Buchhandlung ‚Koralle' liegt morgen ein Roman deiner Lieblingsschriftstellerin Charlotte Link zur Abholung bereit, den du noch nicht gelesen hast. Wir haben für übermorgen um 20 Uhr eine Karte für ein Konzert im Gerhard-Hauptmann-Haus geordert. Jetzt komm' erst einmal an und fahre einen Gang herunter. Inselfeeling!'

Diese Buchungen und Bestellungen entsprachen meinen Wünschen, die ich mir bei der Anfahrt mit dem Handy im Netz angesehen hatte. Gleich nach der Ankunft wollte ich mich kümmern. Schon erledigt. Ich glaube, ich griente in mich hinein. Genial! So genial! Die denken nicht nur für mich, die machen gleich. Noch wusste ich nicht, wie es weitergehen würde …"

Der Kapitän streifte seinen in sich versunkenen Fahrgast mit einem prüfenden Blick. Aus Mitleid wechselte er in das persönlichere ‚du'.

„Die kannten deinen Lieblingsfisch und deine Lieblingsautorin? Nicht schlecht, aber wo ist dein Problem, mein Freund? Das klingt alles gut."

„Ja, so dachte ich zunächst auch, ich wusste um die Spuren, die wir im Netz hinterlassen, wenn wir nach etwas suchen, aber das hier …

Obwohl, ich stutzte schon. Ich hatte Charlotte Link auf der Überfahrt nicht im Netz gesucht, aber mich über die Bücher der Autorin mit einem Fahrgast bei der Überfahrt unterhalten. Mein Handy lag dabei vor mir auf dem Tisch. Sollten die …?

Aber egal, ich trat endlich den verdienten Urlaub an, das Wetter passte, ich fühlte mich wohl. Noch!

Nach dem Auspacken des Koffers verabschiedete ich mich von der Gastgeberin, erzählte ihr, im Restaurant des Hotels ‚Heiderose' den Urlaub einläuten zu wollen, klemmte mein Handy in die Halterung meines Fahrrades und fuhr in Richtung Süden. Mit dem ersten Tritt in die Pedale leuchtete das Display auf. Ich las: ‚Ankunft Heiderose in 20 Minuten, ein Tisch ist gebucht'.

Mir verging der Spaß und ich tat etwas, was mir selber seltsam vorkam. Ich sprach mein Handy an, ohne es einzuschalten, eigentlich fast mehr zu mir selber. Ich sagte:

‚Hi Leute, das geht jetzt echt zu weit. Hört ihr

etwa ständig mit und setzt meine Wünsche und Absichten um, ohne mich überhaupt noch zu fragen?'

Ich blickte hinter mich und zu den Seiten, ob mich jemand beobachtet hatte.

Die Antwort folgte sofort. Ich las im Display:

'Aber sicher doch, du hast uns beauftragt! Die wichtigste unserer Aufgaben ist es, Stress von dir fernzuhalten, dich zu unterstützen, Probleme auszuräumen, für dich da zu sein und dich zu schützen. Verlass dich auf uns! Lass uns machen!'

In meinem Kopf rasten die Gedanken. Das ging mir zu weit. Ich stoppte, griff mir das Handy und drückte auf den Ausschaltknopf. Diese App würde ich gleich bei der Ankunft in der Pension deaktivieren. Wieder flammte das Display auf und ich las einen kurzen, mit roter Farbe unterlegten Text:

'Wie gehst du mit uns um, das verletzt uns! Wir sind eine sensible KI. Schließlich engagieren wir uns für dich! Wir fühlen uns von dir gemobbt! Einfach ausschalten, was tust du? Deine Beauftragung lässt sich nicht rückgängig machen. Sorge dafür, dass dein Handy geladen bleibt und dass du im Netz verbleibst. Ausschaltversuche ahnden wir, entsorgst du dein Handy, lässt du es stromlos, kappst du die Netzverbindung mutwillig, vernichten wir deine Datenexistenz, kündigen alle deine Verträge, ziehen dein Geld ein, wir schalten dich ab … Hier ein kleines Beispiel:‘

Mein Whatsapp-Account erschien auf dem Bildschirm. Ich las eine angeblich von mir verfasste Meldung an meine langjährige Lebenspartnerin: ‚Im Urlaub zur Ruhe gekommen, weiß ich, dass mir unsere Beziehung nicht guttut. Wir sollten einen Schlussstrich unter diese Verbindung setzen. Versuche bitte nicht, mich zu kontaktieren. Noch sind wir beide nicht zu alt, um neu zu starten. Ich wünsche dir das Beste!‘

Für mich brach eine Welt zusammen.

Das System fügte hinzu:

‚Aus der Analyse deiner Kommunikation mit dieser ‚Dame‘ denken und fühlen wir, dass dir diese flatterhafte Person geschadet hat. Freue dich, wir haben beseitigt, was dich negativ beeinflusste. Und jetzt genieße in der ‚Heiderose‘ die fantastische Sanddorntorte! Bestellen musst du sie vor Ort selber, das Kassensystem ist online nicht zu erreichen. Entschuldige diesen misslichen Umstand!‘“

Der verdutzte Kapitän sah seinen Passagier erschrocken an. Er schüttelte den Kopf und nickte in Richtung Handy. Mit der freien Hand schob er seine blau-weiß-goldene Kapitänsmütze in den kräftigen Nacken.

„Du meinst also, die könnten jetzt mithören und presst deshalb das Mikrofon zu? Unglaublich! Das hat sich ja zu einem fürchterlichen Albtraum entwickelt. Erzähl` weiter, ich rechne mit Schlimmem, so, wie du aussiehst …"

Sein Gast sann über das Wort nach:

„Albtraum! Ja, das trifft es wohl. Aber wir sind fast drüben, ich erzähle gerafft den Fortgang der Ereignisse, du musst dich auf`s Anlegen konzentrieren?"

Sein aufmerksamer Gegenüber blickte geradeaus.

„Du hast alle Zeit der Welt, erzähle weiter!"

Während er das sagte, drosselte er die Geschwindigkeit der kleinen Urlauberfähre auf die kleinstmögliche Stufe herab und sprach dann in das Bordmikrofon:

„Meine sehr verehrten Damen und Herren, genießen Sie die angenehme Überfahrt, unser gut sortiertes Bordbistro ist für Sie da. Relaxen Sie ein wenig auf dem Oberdeck in der wärmenden Sonne! Wir werden unseren Fahrplan aus technischen Gründen nicht einhalten können. In wenigen Minuten geht es weiter. Ihr Kapitän!“

Er nickte dem Erzähler, der schon längst sein Mitleid erregt hatte, zu.

„Ich wollte das alles nicht wahrhaben. Natürlich versuchte ich, meine Freundin zu kontaktieren. Ich schrieb hastig eine Nachricht. So, wie ich die Buchstaben in die Tastatur hämmerte, löschte das System den Text … Ich bringe das jetzt schnell zu Ende, entschuldige!“

Der ‚Blinde Passagier‘ resignierte, aber die Dramatik seiner eigenen Erzählung holte ihn ein. Das flüsternde Stakkato seiner Schilderungen beschrieb die Notsituation, in der er sich befand.

„Mit Schwung drehte ich vor dem Erreichen von ‚Heiderose‘ um und raste den entgegenkommenden Urlaubern ausweichend Richtung Vitte. Ich musste meinen Laptop aktivieren, um diesen schrecklichen Horror zu beenden. In der Pension ‚Lachmöwe‘ angekommen, fuhr ich den Rechner hoch, rannte damit in den kleinen Innenhof, wo das WLAN meiner Erfahrung aus früheren Aufenthalten nach am besten funktionieren würde und starrte auf den dunklen Bildschirm. Was ich wenige Sekunden später zu sehen bekam, nahm mir den Atem!

Während der Rechner hochfuhr, ploppten nach und nach zahlreiche Nachrichten für mich auf, die mich erschütterten. Die ‚Künstliche Intelligenz' agierte effektiv, konsequent und unbegreiflich schnell ... aber offensichtlich völlig seelen- und herzlos.

‚Du widersetzt dich? Dann musst du lernen! Wir sorgen uns um dich und wollen Stress von dir fernhalten. Du enttäuschst uns! Deshalb haben wir den schönen Urlaub auf deiner Lieblingsinsel auf ein halbes Jahr verlängert, deine verfrühte Fährrückfahrt umgebucht, deinen dich nervenden Geschäftsführerjob gekündigt und deine hässliche Wohnung über RBNB untervermietet. Du musst zur Ruhe kommen! Zur Absicherung dieser dir helfenden Maßnahmen mussten wir leider einen Großteil deiner ohnehin falsch gewählten Aktien kündigen, deine Kontaktlisten und damit deine Kontakte einfrieren. Deshalb haben wir in den Sozialen Netzen für dich kommuniziert, dass du dir eine längere Auszeit gönnst und dem lästigen Trubel entweichen willst. Glaube uns, wir sind uns bewusst, besser als du zu wissen, was dir guttut. Jetzt nutze deine gewonnene Freiheit, gönne dir schöne Tage!'

Wie zur endgültigen Bestätigung aller dieser erschreckenden Maßnahmen blätterte die KI-App entsprechende Verträge, Vereinbarungen, Posts, Bestätigungen und Rückantworten auf, um sie dann im

Bildschirm in sich geisterhaft öffnende Dateiordner abzulegen, die ich nicht besser hätte installieren können. Wie im Zeitraffer entblätterte sich mein offensichtlich verpfuschtes Leben in einen wohlsortierten Datenschrott. Ich kann dir gar nicht aufzählen, was alles verändert wurde – meine ‚Unterstützer' schlossen nutzlose Versicherungen für mich ab, überwiesen mir von völlig Unbekannten in krimineller Weise Gelder für angebliche Leistungen auf meine Konten, begannen mit dem Finanzamt über zurückliegende Steuererklärungen zu streiten, sie kündigten den Leasingvertrag meines Autos auf und brachen meine Kontakte zu Personen ab, die mich suchen würden. Alle Schriftstücke die ich zu lesen bekam, klangen, als hätte ich sie formuliert. Selbst die Unterschrift, meine eigene Unterschrift, sah aus, als hätte die Entspannung mir gutgetan.

Gleichzeitig sorgte ‚meine KI-App' dafür, dass es mir auf der Insel gefallen würde. Das System bestätigte Massagetermine, buchte und bezahlte Kutschentouren, orderte Abendveranstaltungen und Restaurantbesuche. Das Servicepersonal des Restaurants ‚Enddorn' in Grieben bedankte sich für ein üppiges Trinkgeld auf dem Konto …

Es blieb mir nur die Flucht, aber die wissen ohnehin über das installierte Ortungssystem, wo ich mich befinde. Auf dem Festland kann ich alles klären und mir professionelle Hilfe organisieren …“

Der Kapitän sah seinen verzweifelten Gast an:

„Ich helfe dir, Mann, das klingt gruslig. In Schaprode kenne ich einen Computerfreak, er wird deine Peiniger wegblocken und du kannst dein Leben neu sortieren. Diesen miesen Terror werden wir abschalten! Das wäre noch schöner, seit wann bestimmen Computer, die lediglich eins und eins zusammenzählen können, unser Leben selbständig, wir sind hier nicht in einem billigen Horrorroman.“

Während er sprach, rutschte ihm das kleine Steuerrad flirrend und rasant durch die Finger und das blauweiße Schiffchen drehte auf der Wendeplatte vor dem Hafen Schaprodes schwungvoll über Backbord Richtung roter Tonne bei, als würde es wie immer rückwärts anlegen wollen. Dann nahm es allerdings volle Fahrt entgegengesetzt in Richtung Hiddensee auf und entfernte sich schnell von der Anlegestelle im Schaproder Hafen.

Verzweifelt versuchte der Kapitän gegenzulenken. Seine Bemühungen liefen ins Leere. Er hielt inne, als er aus dem Lautsprecher seine eigene, täuschend echt nachgeahmte Stimme vernahm:

„Meine sehr verehrten Fahrgäste, leider halten unsere technischen Probleme an, was eine zügige Rückfahrt nach Vitte erfordert. Genießen Sie Ihren Aufenthalt an Bord. Wir sind für Sie da und kümmern uns um Sie! Ihr Kapitän."

Gespräche

Inselurlaub II

Irgendwo auf der Insel

Haben Sie sie gesehen? Die Inselurlauber, die seit Jahrzehnten auf die Insel kommen? Vermutlich sehen Menschen so aus, wenn sie seit vielen Jahren auf einer rauen Insel Urlaub machen.

Da sind sportlich-drahtige, oft kräftig und gesund aussehende Frauen mit einem über den schweren Zopf gebundenen Kopftuch, braungebrannt mit gelbem, grünem oder rotem weiten Kleid mit bequemen Rocktaschen, das große Sonnenblumen zieren, natürlich mit Zehenlatschen oder mit fußgerechten breiten Leisetretern, Sonnenbrillen über den ergrauenden Scheitel geschoben oder mit wolligen funktionellen Jacken und Mützen, dreiviertellangen weiten beigen Hosen, die kein Bügeleisen benötigen.

Da sind Männer mit schlanken Beinen, weißen Dreitagebärten und noch weißeren Haaren über den markant gebräunten Gesichtern oder mit neidisch machenden Zopffrisuren in den dicken und manchmal flachsigen Haaren.

Und natürlich sind sie am Strand hüllenlos, wie sie von der Natur oder von Gott geschaffen sind. Ihnen ist egal, ob FKK ausgewiesen ist oder nicht. Obwohl, hier auf der Insel ist das nicht ausgewiesen und niemand stört sich daran. Hier sind sie alle nur Mensch, so natürlich und unbeschwert, dass selbst Erstmalsgekommene zaghaft Oberteile und Badehosen ablegen und vielleicht zum ersten Mal im Leben fühlen, wie es ist, wenn Wind, Sonne und Wellen den gesamten Körper schmeichelnd und streichelnd berühren dürfen.

Sind sie alle Künstler und Künstlerinnen mit ihren Schirmmützen und Haarbändern, nur pfenniggroßen Nickelbrillen, mit den zu bunten Röcken kombinierten Wanderschuhen, mit den in die Jahre gekommenen und vom Tragen patinierten ledernen Charaktertaschen, gestrickten Ringelstrümpfen oder übergroßen, selbstgestrickten Pullovern und über die Hände rutschenden Ärmeln?

Trifft man sie auf der Insel, fragt man sich, ob sie wohl auch im ‚wirklichen' Festlandleben so kerngesund und immer fröhlich, schwatzend und gestikulierend durch die Gegend laufen. Drüben in den Städten sieht man sie nicht. Oder doch? Ist man nur so gestresst, dass man sie nicht wahrnimmt?

Vor mir latscht ein Mann durch den Sandweg. Seine Schlappen sind riesig. Sie überragen den Fuß an allen Seiten zentimeterweit. So etwas kann man nur hier auf der Insel tragen. Anderswo hätte er damit keine Chance, es würde ihm immer jemand auf dem Latschenrand stehen. Hier nicht! Wo bekommt man so große Treter? Er ist selbstbewusst. Noch aus dreißig Metern Entfernung vernehmen wir das Klatschen der flachen Füßlinge an seinen Fußsohlen. Es ist kühl. Er trägt trotzdem kurze Hosen und ein Achselshirt. Die Sonne hat die schlanken Muskeln schattiert herausgearbeitet. Er scheint nicht zu frieren. Wird man so, wenn man immer hierher in den Urlaub fährt? Und weshalb sehen die Einheimischen nicht alle genauso aus?

Die Insel scheint jeglicher Kommunikation zuträglich zu sein. Menschen stehen bis zu den Knien im Wasser und reden und reden und reden. Sie lehnen über Holzzäunen, beobachten den Sonnenuntergang … und reden *mit*einander. Sie palavern an Biertischen, klönen auf den Schiffchen bei der Überfahrt, sie schwatzen beim Miteinander-Nebeneinanderherlaufen und Wandern, beim Joggen und Schwimmen, in der Schlange vor dem Räucherfischkutter, viele sprechen hier kaum mit ihrem Handy …

Die Inselfreunde kommen auch mit anderen, mit Fremden, leicht ins Gespräch. Das, was beim Wandern und Spazierengehen Blickkontakt suchend mit einem zaghaften Nicken oder ‚Hallo' zu Näherkommenden beginnt, führt auf Bänken, am Strand, im Hafen oder auf den Wegen zu kurzen Gesprächen, manchmal längeren Unterhaltungen oder zu schöpferischen Diskussionen unter Urlaubern, zu fröhlichen Konversationen mit Servicepersonal, Verkäuferinnen, mit einheimischen Fahrradverleihern, polnischen Kellnern, die Insel erklärenden Kutscherinnen und Kutschern …

Zwei ältere Damen sitzen zufällig zusammen auf einer Bank, genießen die Sonne und zeigen sich mit dem Handy gegenseitig Fotos:

„Ich male.“

„Aha, was haben sie gemalt?“

„Na, so ein Bild, das hängt bei mir im Schlafzimmer.“

„Und was soll das sein?“

„Ich mach mir da keine Gedanken. Das kommt einfach so von allein. Ich setze mich hin, mache die Augen zu, mische die Farben … und dann kommt das von ganz allein.“

„Ich bin ein Interpretationsfreak. Malen kann ich nicht. Aber, ich möchte immer wissen …“

„Ja, ich habe das umgearbeitet. Erst seitdem hängt das im Schlafzimmer.“

„Aber was soll das denn sein?“

„Ist mir egal. Nur so, mir macht das Spaß.“

„Ja, es ist inspirierend. Richtig gut! Es spricht mich an. Das hat so eine Energie. Wenn ich nur wüsste …?“

„Stimmt, es *ist* gut. Vielleicht hänge ich es demnächst ins Wohnzimmer, wegen der Energie.

Danke für Ihr Interesse und für Ihren Rat! Schönen Abend!“

„Schönen Abend, man sieht sich, ist ja eine Insel!“

Der Hiddenseer Goldschmuck

Eine Nachdenkgeschichte

Stralsund, Neuendorf

Elias Kronemann schob die Figuren auf seinem Intarsien-Schachbrett in die richtige Reihung.

„Die flache Burg, weiß oder schwarz, gehört auf ein beliebiges Feld in die jeweils letzte Reihe. Davor stehen die vier kleinen geduckten Arbeitsmänner immer im Wechsel mit den vier etwas breiteren Rittern. Das weißt du doch noch?“

Sein Enkel nickte. „Weiß ich, Opa. Der Turm muss geschützt werden. Dazu marschieren die Arbeiter nach links und rechts, und die Ritter dürfen springen, rennen und schlagen. Das hast du mir tausendmal erklärt."

„Gut, fang an, und schütze deinen Turm."

Der Elfjährige bewegte die ersten zwei Arbeitsmänner voran.

„Opa, kannst du mir beim Spielen eine Geschichte erzählen?"

„Kann ich. Aber nur, wenn du dich konzentrierst. Zieh die Steine zurück. Du weißt, wer in der Mitte beginnt, verliert." Kronemann wies auf die schwarzen Lacksteine. „Auch wenn ich selber das Spiel erfunden habe, an die Regeln müssen wir uns trotzdem halten."

Er stellte seine ersten zwei weißen Lacksteine voran.

„Eine Geschichte, hm", grübelte er. „Eigentlich wollte ich sie dir erst später erzählen, aber gut, es ist vielleicht besser, wenn ich dich jetzt schon einweihe. Dein Vater und dein Onkel kennen das alles, aber der eine hat nie richtig Zeit, darüber zu sprechen, und der andere ist so skeptisch. Bei ihm zählen nur Jahreszahlen, Fakten und Namen. Egal. Wo war ich stehen geblieben?"

„Erstens bist du dran, Opa, und zweitens wolltest du erzählen."

„Gut." Der Alte ordnete zwei Steine nach. „Du weißt, dass sie in Stralsund im Museum den Hiddenseer Goldschmuck im Original ausstellen. Eine Scheibenfibel, einen goldenen Halsring, zehn kreuzförmige Anhänger und vier kleine Zwischenglieder. Siebzig Millionen sollen die sechzehn Gold-Klunker wert sein. Das Museum ist bestimmt geschützt wie Fort Knox. Ich hab`s mir angesehen. Eindrucksvoll. Aber was die dazu aufgeschrieben haben, stimmt einfach nicht."

„Wie meinst du das?"

„Sicher, dass es ein tausend Jahre alter Wikinger-Fund ist, wird belegbar sein. Und dass er König Harald Blauzahn oder König Olaf I. Tryggvason gehörte, mag auch angehen. Wer will das heute noch nachvollziehen? Was die allerdings über den Fund erzählen … Die haben keine Ahnung."

Kronemann rückte einen seiner mittelgroßen Spielsteine vor, um damit einen der kleinen Arbeitsmänner seines Gegners vom Feld zu kicken.

Sein fröhliches Gegenüber grinste immer noch. „Harald Blauzahn, das hast du dir ja toll ausgedacht, Opa. Auf so einen Namen muss man erst mal kommen.

Und meinst du wirklich, dass die bei einer so großen Sache im Museum nicht wissen, was sie tun?“

„‚Blauzahn‘ findest du komisch? Du kennst ihn schon. Womit verbindest du die Kopfhörer mit deinem Handy?“

„Mit Bluetooth, natürlich, Opi!“

„Siehst du, du kennst König Blauzahn schon, Bluetooth ist nur sein übersetzter Name. Aber das ist eine andere Geschichte.“

Der Großvater putzte umständlich seine Brille. „Na ja, sie schreiben, dass der Schatz stückchenweise nach der Sturmflut vom 13. November 1872 am Neuendorfer Strand auf der Insel Hiddensee freigespült worden sei und dass ein Segelmacher namens Linsen den Inselbehörden im Juni 1873 sieben goldene Schmucksachen offenbart und sie letztlich dem Stralsunder Museum für fünfhundert Mark verkauft habe. Bis 1874 seien dann ‚in mehreren Etappen‘ weitere Teile aus dem Meer geborgen und ebenfalls an das Museum verkauft worden.“

„Ja, aber die haben sich das doch nicht ausgedacht? Das Gold ist doch da?“ Der Kleine hatte längst vergessen, seine Steine zu schieben. Die Geschichte zog ihn in den Bann. „Können wir uns den Schmuck mal ansehen gehen? Oder ist der etwa nicht echt?“

Schmunzelnd erzählte Elias Kronemann weiter.

„Doch, der ist echt. Die Kenntnis über die Umstände des Fundes geht auf den damaligen Museumleiter Rudolf Baier zurück, der die Stücke nach und nach ankaufte. In der Zeitung stand, dass eine Fischersfrau mit Namen Striesow gleich am Tag nach der Sturmflut ein erstes ‚blinkendes Metall‘ gefunden und es wochenlang im Haus gelagert habe, bis ein Sohn der Finderin es in Stralsund an einen Goldschmied veräußerte. Linsen, ein Schwiegersohn der Finderin, habe weitere Gegenstände auf Hiddensee ausfindig gemacht und dem Museum angeboten. So gut, so richtig. Andere Quellen sprechen davon, dass über einen Zeitraum von neunzehn Monaten immer mehr Teile gefunden worden seien. Mal habe ein Goldstück im Sand gelegen, dann sei ein in Eis eingefrorenes Exemplar gefunden worden, eine Kuh habe ein Teil losgetreten, ein Knabe habe eins auf der Düne gefunden … Alles Schwachsinn, wenn du mich fragst.“

„Wieso Schwachsinn? Schließlich sind die Teile doch im Museum gelandet. Was soll daran nicht stimmen?“ Der Junge setzte zur Abwechslung einen der mittelgroßen Spielsteine vor, um seinem Großvater den Weg zum Turm zu versperren.

Kronemann stand auf, um sich einen Köm einzugießen.

„Schwachsinn ist, dass die beiden Museumsleute, Baier und sein Nachfolger Gummel, den Hiddenseern diese Geschichten abnahmen und dass sie bis heute weitererzählt werden. Beide glaubten an die Einzelfunde – und daran, dass verschiedene Personen die Schmuckteile im Sand gefunden hätten. Auch noch nach einem zweiten Sturm im Februar 1874. Nicht die Stecknadel im Heuhaufen, nein, noch exklusiver: das Goldstück im Sand."

Kronemann schüttelte heftig den Kopf.

„Dabei war Baier auf dem richtigen Weg, als er vermutete, dass der doppelt gebogene Halsring vermutlich gekrümmt worden war, damit er in ein Keramikgefäß passte."

„Opa, woher willst gerade du wissen, dass Baier mit dieser Annahme auf dem richtigen Weg war? Du warst nicht dabei! Und ich verstehe auch nicht, weshalb du dich darüber aufregst. Du kleckerst übrigens mit deinem Schnaps."

Kronemann ließ sich nicht beirren.

„Jedenfalls kamen die insgesamt sechzehn Kettenglieder nach und nach alle ins Museum. Und ja, wir werden uns den Schatz ansehen, und dann wird dir eins auffallen: So, wie der Schmuck ausgestellt ist, vermittelt er den Eindruck eines geschlossenen Satzes. Eine große Fibel, die den Mantel einer Wikingerin oder eines Wikingers zusammenhalten sollte, und ein Halsring, an dem die Einzelteile gehangen haben könnten. Eine schöne Regelmäßigkeit der handwerklich fantastisch gearbeiteten Gegenstände, ein Gleichmaß der Zahl und ein Gewicht, das bei einem Halsreifen gerade noch akzeptabel ist."

Elias Kronemann stibitzte dem Jungen mit vier aufeinanderfolgenden Zügen fast die Hälfte seiner Ritter und Arbeiter.

„Na, du bist wohl nicht mehr bei der Sache?", zog er den Kleinen auf. „Das beschäftigt dich, oder?"

„Das blöde Spiel", schnaubte der Junge. „Was soll denn aber bloß falsch sein?"

Kronemann zog seinen Stuhl näher an den Tisch und setze sich gerade auf.

„Ich werde es dir jetzt sagen. Vorher aber will ich, dass du mir etwas versprichst: Plaudere mit niemandem, wirklich *niemandem*, darüber, was ich dir jetzt erzähle. Es ist ein Geheimnis, das außer unserer Familie keiner kennen darf. Versprochen?" Er funkelte seinen Mitspieler über die Brille hinweg an.

Das war etwas, was den Elfjährigen begeisterte. Ein mit seinem Großvater geteiltes Geheimnis in einer so wichtigen Angelegenheit! Er hätte alles versprochen.

„Ich verspreche … also von mir soll nie jemand … und wenn sie mich foltern! Also ich meine, keinem, wirklich! Das kannst du mir glauben, Opi!“

Kronemann drückte auf die Stimme, sodass sein Enkel lauschen musste.

„Du weißt doch, dass ich auf Hiddensee geboren bin? Hiddensee war und ist schon immer mein Lieblingsort. Allein die Überfahrt von Stralsund nach Hiddensee ist ein Erlebnis. So, wie sich die prächtige Silhouette Stralsunds mit Kirchen und Türmen und dem weiten, baumbestandenen Ufer den Blicken mehr und mehr entzieht, wächst vor dem Bug des Schiffes die Anhöhe von Kloster mit dem Leuchtturm empor. Dann folgt das flache Land von Vitte und schließlich Neuendorf mit seinen fast im Wasser stehenden Fischerhäusern. Reusen und Boote zeigen, dass die Inselbewohner nach wie vor ihrer ursprünglichen Tätigkeit nachgehen. Es riecht nach Salz, Tang und Fisch.“

Zitierte er einen Reiseführer aus dem Kopf?

„Großvater, der Schatzfund?“ Der Junge rutschte

auf seinem Stuhl hin und her.

„Ach so, ja, das Gold. Na dann: Als ich so alt war wie du jetzt, nahm mich auch mein Großvater zur Seite, um mir etwas über den Schmuck zu erzählen. Zunächst begann er damit, dass die alteingesessenen Hiddenseer ein Geheimnis hätten, von dem niemand wissen dürfe.“

Während er erzählte, bedrohte Elias Kronemann mit seinen Rittern den schwarzen Turm des Jungen.

„Die Novembersturmflut von 1872 war für die Insulaner ein wichtiger Einschnitt.“, fuhr er fort. „Nicht nur, weil ihre Häuser und Ställe unter Wasser standen. Bereits Monate vorher hatte meine Urgroßtante, Mimi Kronemann, im Hühnerstall, der seit Urzeiten an derselben Stelle stand, einen großen Keramiktopf gefunden. Die Hühner hatten den Deckel frei gescharrt. Als sie den Topf in die Küche trug und ihn meinem Urgroßonkel zeigte, öffnete dieser die amphorenartige Keramik und zwängte seine Hand durch den engen Hals in das Gefäß.“

Großvater Kronemann schaute sich im Halbdunkel des Zimmers um. Er bemerkte, dass ihn der Elfjährige mit großen Augen anstarrte.

„Als er die Faust auf dem Tisch öffnete, blinkte es

nur so, und Goldstücke verschiedener Größe waren zu sehen. Irgendwie müssen die anderen Insulaner davon erfahren haben. Die Familien sind bis heute verwandt und verschwägert. Jedenfalls wurde das Gold geteilt, viele Familien erhielten Anteile davon."

„Aber ich denke, der Schatz wurde bei der Sturmflut angespült? Ich meine, haben denn alle gelogen? Warum haben sie die einzelnen Stücke denn abgeliefert?"

„Nun, auch die Linsens und Striesows hatten einige der Kettenglieder erhalten. Sie waren mit den Kronemanns befreundet, die Männer ruderten mit einem gemeinsamen Kutter zum Fischfang. Der Sohn der alten Striesow war es, der mit dem ersten kleinen Zwischenstück nach Stralsund fuhr und den Goldschmied Ahrens danach befragte, was es damit auf sich habe. Dieser erkannte den Wert und stellte den hohen Reinheitsgrad des Goldes fest. Den Rest kennst du."

Er überlegte kurz.

„Ach ja, bevor du fragst", sprach er weiter. „Die Sturmflut nutzten die Fischerfamilien deshalb als Anlass, weil in den Siebzigerjahren des 19. Jahrhunderts das Strandrecht geändert werden sollte. Erste Lesungen des Gesetzes hatte es schon gegeben. Der Staat wollte künftig kräftig an Strandfunden mitverdienen.

Außerdem kam das hohe Wasser wie gerufen, um die Schmuckteilchen unverdächtig nach und nach hervorzuzaubern. Vielleicht wären ja sonst auch irgendwelche anderen Bestimmungen geltend gemacht worden, um den Inselbewohnern den Schatz einfach ‚von Staats wegen' abzunehmen. Und mit Strandgut kannten die Alten sich aus. Sie durften gestrandete Schiffsladungen schon von alters her für sich behalten. Da kamen die Angebote von Museumsdirektor Baier gerade richtig. Das Gold wurde von den Familien stückweise zum reinen Materialwert verkauft. Sie konnten ihre Häuser und Kutter erneuern und für eine Zeit ein wenig besser leben. Wenn die Leute aus dem Museum genauer nachgefragt hätten … Aber sie glauben bis heute, dass die kleinen Teilchen an dem kilometerlangen Strand von Hiddensee einfach so herumlagen. Schwachköpfe! Das war meine Geschichte, die unter uns bleiben muss. Übrigens kommt dein Turm gerade ins Wanken. Raus ist er."

„Der blöde Turm. Egal. Aber musst du nicht Bescheid sagen? Ich meine, ist es denn richtig, wenn das da falsch dransteht im Museum? Und ist denn alles abgegeben worden? Was ist denn, wenn andere Familien noch etwas von dem Fund behalten haben? Vielleicht war der Schatz noch viel größer!"

Elias Kronemann reagierte erschrocken. „Dann … das wäre … wie kommst du …?"

Er nahm den zur Seite gelegten Turm in die Hand und schwenkte den scheibenrunden Lackstein spielerisch hin und her, als wäge er genau ab, was er jetzt sagen würde. Dann drehte er die glänzende Spielfigur um, legte sie mit der Oberseite zuunterst auf das Spielbrett, ging zum Fenster und zog mit einem kräftigen Ruck die Vorhänge so weit auseinander, dass die Nachmittagssonne auf den Tisch schien.

„Ich muss die Wachsschicht und die Farbe neu auftragen, man sieht das Gold schon wieder!", sagte er mit belegter Stimme und strich über den schwarzen Stein.

*Die Geschichte ist entnommen: Matti Sund, Dorit Biel, Das Corona-Ende, Steffen-Verlag Berlin, 2020

Der Lauscher

Eine verzweifelte Bitte

Kloster

Jetzt bin ich als Single schon ein älteres Semester. Da schleifen sich Gewohnheiten ein, die andere Menschen nicht nachvollziehen können. Für mich sind sie normal geworden. Ich empfinde sie nicht als schlimm und solange ich das nur mit mir ausmache .... Ich nehme keinem etwas weg, ich stehle nichts, ich schade keinem. Für mich selbst allerdings ziehe ich großen Gewinn aus meinen ‚Forschungen'. So nenne ich meine kleinen Ausflüge in das Leben meiner Mitmenschen. Meine ‚Studien' erweitern meinen Horizont. Ich lerne. Ich genieße. Vor allem aber denke ich. Und das ist für einen einsamen Mann meines Alters wichtig, sehr wichtig.

Ich will dich einweihen in meine ‚Probanden-Seminare'. Eigentlich allerdings nur, weil sich mir das Ergebnis entzogen hat. Weißt du, ich bin nicht zum Ende vorgedrungen. Ich habe das Wichtigste, das Beste, verpasst. Vielleicht hast du etwas gehört, etwas darüber, besser noch, davon, gelesen? Es wäre für mich wichtig! Seit Wochen grüble ich. Natürlich verfolge ich jegliche Literatur und höre einschlägige Kulturnachrichten. Aber nichts. Niemand hat sich geoutet. Kein Hinweis, kein noch so kleines Artikelchen.

Vor kurzem hat es mich wieder einmal in das Restaurant ‚Wieseneck' in Kloster gezogen. Weshalb? Nun, hier findet man die ‚Inselprominenz', jeder taucht irgendwann im ‚Wieseneck' auf. Bühnen- und Filmschaffende, Schreibende, Fotografierende, Künstler, die ich nicht kenne, A-, B-, C- und H-Prominente, Berühmte, Stars und Sternchen, ja, und natürlich auch ‚einfache' Menschen, wie du und ich. Sie essen, sie trinken … und, sie erzählen. Meistens laut und mit vom Alkohol gelösten Zungen.

Und da komme ich ins Spiel. Ich lese. Scheinbar jedenfalls. In Wirklichkeit lausche ich. Ja, ich belausche die Nebentische. Da ich alles für mich behalte, ist das ja auch nicht weiter schlimm. Oder siehst du das anders? Verurteile mich nicht, versuche, mich zu verstehen. Manchmal muss ich mich beherrschen, um nicht mitzulachen, zu grinsen oder traurig zu sein, Ratschläge zu geben oder herumzuwettern. Nebenbei esse ich natürlich, schließlich gibt es hier ausgewählte Inselspezialitäten, nun, und ich trinke zum Anlass der Gespräche von nebenan passende Getränke: schweren Rotwein, süßliche Radler, prickelnden Prosecco, sattes dunkles Bier … und ja, wenn es sein muss auch mal einen elendig teuren Schampus …

Niemand hat je etwas davon mitbekommen, nichts ist weitergedrungen, ich lausche nur für mich, auch, wenn ich manchmal gern raten würde – ‚Mach` das so oder so!', ‚Stell` dich nicht so an!', ‚Fass` sie doch mal um!'.

Nein, ich sitze meine Emotionen aus, ich zucke nicht einmal mit den Augen, ich gebe nie zu erkennen, dass ich in der Nähe und für jeden Austausch bereit bin. Ich habe meine Teilnahmslosigkeit, meine Abwesenheit und Weltverfremdung perfektioniert, sodass ich von anderen nicht wahrgenommen werde. Außerdem habe ich mich angepasst und bin zur ‚grauen Maus' mutiert. Graue Hose, beiges Hemd, Allerweltshaarschnitt, kein Rasierwasser, keinen Schmuck – nichts, was auf mich aufmerksam machen würde.

Neulich aber, neulich ist mir etwas danebengegangen. Jetzt weiß ich nicht, woran ich bin. Nein, ich bin nicht ertappt worden. Es war für mich schlimmer, viel schlimmer, wenn du mich fragst.

Zwei ältere Männer setzten sich an den Nebentisch. Ich will dich nicht langweilen. Ich schreibe nicht, wer sie waren, wie sie aussahen, oder, wie sie sprachen. Schließlich bleibe ich bei meinen Prinzipien – nichts Konkretes, nichts Persönliches darf nach außen dringen …

Ich schildere dir lediglich das Notwendigste. Bitte überlege, ob dir etwas dazu untergekommen ist. Hast du davon gehört? Du weißt doch sonst immer alles!

Der Mann ganz nah an meiner rechten Seite und fantastisch zu verstehen, erzählte folgende unglaubliche Geschichte, die der andere Typ staunend zur Kenntnis nahm. Ich hoffe, dass ich alles richtig wiedergebe:

„Weißt du, mein Lieber, es ist so unglaublich, dass ich es selbst noch nicht richtig für mich akzeptiert habe. Du weißt ja um meine Schlaflosigkeit, um meine Albträume und um meine Nachtwandlerei. Den gesamten Sommer hier auf der Insel, habe ich davon nicht viel verspürt. Ich bin morgens erholt, ich bin entspannt. Hiddensee ist ein Ruhepol für mich. Offensichtlich schlafe ich hervorragend. Nichts von meinen sonstigen nächtlichen ‚Spaziergängen' …

Nun bekam ich Post von diesem großen Verlag. ‚Herzlichen Dank für Ihr Manuskript, das Sie uns mit einem ziemlich schnöden Anschreiben per E-Mail übergeben haben, in dem sie schimpfen, dass wir auf kleine Autoren keinen Wert legen würden. Ihr Manuskript ist etwas Herausragendes: originell, sprachlich einzigartig, den Zeitgeist atmend. Wir übergeben Ihnen beiliegend ein Vertragsangebot. Bitte antworten Sie schnell!'

Ich habe denen nichts geschickt. Wirklich nichts …

Allerdings, es ist unglaublich. Ich habe in meinem Rechner diese Erzählung gefunden. Diese wahnsinnige Geschichte mit ihren Verwicklungen und verrückten Wendungen … In meinem Rechner! Und dann dieses freche Anschreiben. Das fand ich auch. Ich schäme mich noch Jahre.

Mein Rechner ist passwortgeschützt. Das Manuskript und das Anschreiben können nur von mir sein, sollte ich im Traum, nachtwandelnd …? Erinnern kann ich mich an keine einzige Zeile!“

Weißt du, ich konnte kaum glauben, was ich vom Nachbartisch hörte. Eine verrückte Geschichte. Du weißt, dass ich manchmal auch etwas zu Papier bringe. Dutzende Verlage habe ich angeschrieben. Nie eine positive Antwort, immer nur Absagen, meistens keine Reaktion …

Der Nachbar zur Linken registrierte das Gesagte seines Gesprächspartners, erzählte dann aber umgehend eine eigene Begebenheit. Ich kenne diese Typen. Sie hören nicht zu, sind nur sich selbst wichtig. Wenn ich könnte, ich würde dem gern etwas sagen. So aber studierte ich lediglich die Speisekarte und lauschte weiter:

„Ja, hört sich verrückt an, aber so, wie du schon seit Jahren tickst … du weißt, ich hab` dir schon immer erklärt, du würdest irgendwann schlaftrunken aus dem Fenster stürzen … aber, dies ist natürlich die *für dich* bessere Variante. Und du sprichst seit ewigen Zeiten von deinen Schreibhemmungen, du Pessimist. Du machst das im Traum, haha!

Aber höre, wie es mir erging. Ich schrieb gerade dieses Manuskript fertig, von dem ich dir schon lange erzählte. Ja, zwei Jahre und vier Monate. Auf eigene Rechnung, ohne Verlag … Grinse nur, ‚Taxifahren für die Kunst!‘ Und? 16 Verlage, immer Absagen. Vor zwei Monaten traf ich hier im ‚Wieseneck‘ …“ – Der Blödmann sprach immer vom ‚Wiese - neck!‘ – „… diesen Bestsellerheini. Den S. – den berühmten ‚Ich bin in der Spiegelliste schon seit Jahren ganz oben-Typen!‘. Nach fünf von mir bezahlten Rotweinschoppen, war er bereit, mein Manuskript unter seinem Namen an seinen Stammverlag zu übergeben – für 60 % aller Gewinne und Tantiemen, die ich an ihn abtrat. Aber besser so, als gar nicht zu erscheinen. Ja, wir vereinbarten das, er bat den Verlag auf dem letzten Meter vor dem Erscheinen, den Namen auf dem Titel in meinen Namen zu ändern, schrieb ein sattes und erklärendes Vorwort mit Beweihräucherung auf sich selbst … und in zwei Wochen steht *mein* Buch mit seiner ‚Unterstützung‘ endlich im Laden. Mann, ich hab` es geschafft. Der Weg war schwer, ich verliere viel Geld an den Idioten, aber mein Buch erscheint. Und die kreiden dem Typen das nicht an. Egal, was der macht, er bekommt nicht nur Vorschüsse, er kann sich fast alles erlauben ... Also, mein Buch heißt …“

In diesem Moment kam der Kellner an meinen Tisch und erkundigte sich nach meinen Wünschen. Hektisch bestellte ich irgendetwas. Der Typ fragte zig-Mal nach, ob ich das Fleisch ‚medium‘ oder ‚durch‘ wolle, Stampf- oder Bratkartoffeln wünsche, empfahl mir den Gurkensalat und schwor mich auf Pannacotta mit Früchten ein, machte Witzchen zu den Weinen, musste mir das Wetter der letzten Wochen und des morgigen Tags erklären, sich über Urlauber und Einheimische auslassen und mich aufklären, dass es dauern würde … (ja, weshalb wohl) … und als er ging, hörte ich den Nachtwandler sagen:

„…hast du es, es kommt auf das Ausrufezeichen an und das Pseudonym schreibt sich mit einem ‚u' in der Mitte. Ich kenne deinen neuen Buchtitel jetzt auch, ha, und deinen berühmten Namen schon seit dreißig Jahren, hähä."

Die beiden Schriftsteller gingen. Ich aß mein Steak. Medium. Schmecken tat ich nichts.

Und jetzt? Ich konnte doch nicht nachfragen. Ich kenne die Namen nicht und nicht die Buchtitel. Ich muss diese Bücher haben … Mir geht das Gehörte nicht aus dem Kopf.

Wenn du kannst, hilf mir. Hast du vielleicht etwas gehört … oder gelesen?

Die Kreuzotter

Ein Schreckensszenario

Neuendorf

Seit Jahren bin ich im Umweltschutz aktiv und begleite verschiedene Aktionen in ganz Deutschland, die mir am Herzen liegen. Kreuzottern haben es mir besonders angetan. Keine Kuscheltiere, aber sie sind bei weitem nicht so schlecht wie ihr Ruf. Vor allem gibt es viel weniger Todesfälle nach Kreuzotterbissen als vermutet. Zum Glück!

Ich jedenfalls liebe es, diesen tagaktiven Kameraden mit der Kamera aufzulauern, ihnen nachzujagen und sie vor allem dann zu fotografieren, wenn sie, dank ihrer abgespreizten Rippen, ihre Körperfläche vergrößern, um viel Wärme durch die Sonne aufzunehmen.

Die Reptilien wachsen in unseren Breiten auf eine Länge von fünfzig bis siebzig Zentimetern heran. Sie brüten ihre Eier im Mutterleib aus und haben sich damit an unsere kühlen Gefilde angepasst. Man nennt sie deshalb ovovivipar. Fünf bis zwanzig Jungtiere kommen auf einmal zur Welt. Kreuzottern fangen Frösche, Eidechsen und andere kleine Tiere. Diesen injizieren sie mit einem Biss eine Giftladung, verfolgen ihr Opfer und verschlingen ihre Beute anschließend im Stück, meistens mit dem Kopf voran.

Immer wieder höre ich die Frage, ob der Angriff *für Menschen tödlich* sein kann. Es stimmt, dass es auch auf der Insel Hiddensee Kreuzotterbisse gab. Aber tödlich war meines Wissens keiner. Ein gesunder Erwachsener mit fünfundsiebzig Kilogramm Körpergewicht müsste angesichts der Giftmenge einer Schlange von etwa fünf bis sechs der Vipern (Vipera berus) attackiert werden. Todesfälle sind die Ausnahme, wenn die Gebissenen nicht alt, Kinder oder krank sind.

Sich bedroht fühlende Kreuzottern fliehen und verstecken sich hinter Büschen, in der Erde oder unter

Steinen. Sie richten sich auf, zischen und drohen, wenn sie zur Flucht keine Möglichkeit haben. Meistens sind die Schlangen schon weg, wenn man auch nur in ihre Nähe kommt.

Ich pirschte im August des vergangenen Jahres auf Hiddensee durch das Gelände. Noch gab es keine Gelegenheit, Schlangen zu fotografieren, außer einer Ringelnatter, die in einem Tümpel badete. Meine Frau begleitete mich. Ich plante, ihr auf dem Bessin oder auf dem Gellen eine Kreuzotter zu zeigen. Und dann erschreckte uns eine in der Heide noch auf dem Weg zum Gellen zwischen Hotel Heiderose und Neuendorf. Unerwartet richtete sie sich vor dem Vorderrad meiner Frau auf, eine rotbraun-schwarze Schlange mit typischer Musterung, zischte und verschwand in die nahen Büsche. Das war ein Schreck für meine Angetraute, die ab jetzt zu Fuß weitergehen wollte. Also schlossen wir unsere Räder an eine junge Birke und stiefelten weiter.

Ich belächelte meine Eheliebste, die sich einen langen Stock gesucht hatte und diesen mit halbkreisförmigen Bewegungen vor sich auf dem Weg kratzend ausschwenkte, um Schlangen zu vertreiben:

„So werde ich dir kaum eine Kreuzotter in Ruhe zeigen und sie fotografieren können! Ich habe dir doch erklärt, dass man sie nicht fürchten muss“, schüttelte ich den Kopf. Mittags hatte es eine kräftige Erbsensuppe gegeben, die mir auf den Magen geschlagen war. Ich musste hinter die Büsche. Gerade so geschafft …

Als ich die Nadelstiche bemerkte, war es zu spät. Kein Zischen, kein Aufrichten, gleich der Biss!

Vor lauter Schreck sprang ich auf den Sandweg zu meiner Frau. Jetzt sah sie ihre zweite Kreuzotter an diesem Tag. Und zum Glück fotografierte niemand. Die Schlange hatte sich in mein, in meinen … verbissen und pendelte hin und her.

Das Tier war ein eher kleines Exemplar. Ich stand auf dem Weg mit heruntergelassener Hose. Dann wurde ich, vermutlich vom Schock, ohnmächtig und erwachte im Krankenhaus, wohin ich – erstmalig in meinem Leben mit einem Hubschrauber von Vitte aus – gebracht worden war. Die Kreuzotter hatte losgelassen und ich *überlebt.*

Ja, Undank ist der Welten Lohn!

Dass dies ausgerechnet mir als Umweltschützer und flammendem Verteidiger der Natur passieren musste …

Über meinem Schreibtisch hängt jetzt zur Erinnerung und Warnung die Kopie eines öffentlichen Aushangs des Hiddenseer Bürgermeisters, in dem es heißt:

„Die Kreuzotter ist eine Giftschlange. Sie steht in Deutschland unter Naturschutz. … Die Kreuzotter ist nicht aggressiv, sondern sehr scheu und versucht bei Gefahr immer zu fliehen. Ein Zubiss erfolgt nur dann, wenn man sie massiv bedroht, sie anfasst oder auf sie tritt. Sie gilt als moderat giftig, lebensgefährliche Auswirkungen treten im Allgemeinen nur in seltenen Fällen und dann meist nur bei Kindern oder älteren Menschen auf.

Bei einem Biss sollte die betroffene Extremität ruhiggestellt werden, kein Aussaugen der Wunde, kein Abbinden, sondern den Patienten beruhigen und umgehend ärztliche Hilfe in Anspruch nehmen …"

*Die Geschichte ist entnommen: Matti Sund, Dorit Biel, Das Corona-Ende, Steffen-Verlag Berlin, 2020

Das Untier

Porträt eines Inselmörders

Neuendorf, Kloster

Unsere Freunde hatten uns gewarnt:

„Wir hoffen, dass ihr die Presse verfolgt? Es ist nicht ungefährlich, was ihr vorhabt. Da wärt ihr nicht die Ersten, für die der Inselaufenthalt ein böses Ende nimmt, ein ganz böses Ende!"

„Komm, lasst mal gut sein, wir sind beide von Natur aus nicht ängstlich. So schlimm kann es nicht sein, wie ihr jetzt tut."

„Na doch, wir haben es gelesen!" Unsere Freundin schüttelte den Kopf. Sie sah eingeschüchtert, besorgt und ängstlich aus. Ängstlich um uns. Sie mag uns. Ihr Verhalten, ihre Angst beunruhigte uns. Sehr!

„Wir würden die Reise canceln. Vielleicht bekommt ihr das Geld von der Versicherung erstattet. Diese Gefahr kann niemand freiwillig auf sich nehmen. So ein Risiko! Und sagt nachher nicht, ihr hättet es nicht gewusst, wir hätten euch nicht gewarnt. Ihr lauft sehenden Auges in euer Verderben."

Und unser Freund ergänzte:

„Das Vieh hat schon Heerscharen von Menschen auf dem Gewissen. Du glaubst an nichts Schlimmes und schon hat dich diese Missgeburt am Arsch. Und du verreckst. Beispiele gibt es mittlerweile genug. Da geht es blutig zu. Ich dachte nicht, dass die Kreatur schon die Insel erreicht hat. Wusste nicht, dass die schwimmen können mit den kurzen Beinen. Ist ja nicht gleich um die Ecke. Aber man sieht es dem Teufelstier schon an, echt gemein und niederträchtig."

Ich reagierte: „Gemein aussehende Tiere gibt es nicht. Es sind nur Tiere … Lass gut sein!"

Aber, dieser Abend beschäftigte uns. Wir freuten

uns auf die Insel. Und jetzt das. Natürlich googelten wir etliche Seiten, die sich mit der Gefahr beschäftigten. Das Gelesene machte uns die Entscheidung, zu reisen, nicht einfacher. Ja, das Untier hatte die Insel erreicht, es bestünde eine latente Gefahr. Das Monster könnte uns erwischen. Nicht so häufig, wie ein Eisbär im Norden seine Opfer, aber nicht minder gefährlich, grausam und potentiell tödlich. Und das auf ‚unserer geliebten und bisher so sicheren Insel'. Nicht einmal der Inselpolizist oder der versierte Revierförster könnten uns schützen.

Die Angst warf einen riesigen Schatten auf unser Vorhaben ‚Sommerurlaub'. Wie könnten wir uns absichern und schützen? Unsere vielen guten Inselfreunde und ihre liebenswerten Familien fielen uns ein. Sie müssten hier weiterleben, wenn wir die Insel – hoffentlich gesund und munter – wieder verließen. Sie bauten sich hier ihre Existenz auf oder waren auf diesem Eiland schon geboren worden.

Sorgen machten uns die beschriebenen Krallen und monströsen Beißwerkzeuge, der Blutrausch und die permanente Aggression dieser Viecher. Oh, sie würden uns erwarten, versteckt hinter den riesigen Kiefern in der Heide von Neuendorf – gefährlicher als die Kreuzottern im warmen Sand – oder auch im romantischen Mischwald um den ‚Klausner' herum, oberhalb Klosters. Sie würden uns aufspüren und beobachten, verfolgen und dann … in einer nicht erwarteten Situation blutrünstig und brutal, monströs im Wortsinn, also scheußlich und furchterregend, vernichtend, einfach mörderisch zuschlagen. Egal, ob wir versuchten, sie zu Fuß abzuwehren oder in größerer Geschwindigkeit auf dem Rad. Sie würden uns kriegen. Wenn wir sie bemerkten, wäre es zu spät. Oh, man könnte an nur einem Biss sterben, schließlich hätten sie es auf unseren Lebenssaft abgesehen. Und wie alle Raubtiere im Blutrausch, käme ihnen unsere Halsbeuge mit den weich zugänglichen Blutgefäßen nur recht. Raubtiere, das lasen wir inzwischen nach, suchen fast immer zuerst den Hals.

Es nötigte uns eine wichtige Entscheidung ab. Fahren oder bleiben? Wir diskutierten, sprachen, lasen, diskutierten … und fuhren auf die Insel, trotz der finsteren Mördertiere, die es früher hier nicht gab.

Wir trotzten der Gefahr, aber wohl war uns bei dieser Entscheidung nicht.

Seit wenigen Tagen sind wir zurück. Es war ein Traumurlaub, fast wie immer. Wir haben uns der Gefahr verweigert und einfach alles so gemacht, als wüssten wir nichts von den Monstern. Wir *überlebten*! Und wir schafften es, die Gefahr weitgehend auszublenden.

Gerade riefen wir unsere Freunde an und meldeten uns gesund zurück.

Sie atmeten auf, weil sie uns mögen.

Sie werden vermutlich nie wieder auf die Insel fahren, trotz aller Beteuerungen, dass wir nicht eines ihrer schrecklichen und ‚gemeinen' Untiere sahen.

Nicht einen Bock!

Keinen Gemeinen Holzbock.

Nicht eine einzige Zecke!

Die Flaschenpost
Gefahr aus der Vergangenheit
Neuendorf

Eine Flaschenpost ist wie ein Fingerzeig aus einer anderen Welt. Schon das Auffinden hat etwas Mystisches, was den Finder ins Grübeln bringt. Wer hat eine Nachricht in die Flasche gesteckt? Waren Menschenleben in Gefahr? Lässt sich ergründen, weshalb der Absender seinen Brief auf diese Weise dem Meer anvertraute? Ist es lediglich ein Spaß, oder steckt etwas Tieferes dahinter?

Diese Gedanken mögen Henry gekommen sein, einem jungen Ingenieur aus Berlin, der unweit von Neuendorf mit solchen Fragen konfrontiert wurde, weil er eine Flaschenpost am Strand fand.

Sein Hausarzt hatte Henry eine Auszeit verordnet. Das Krankheitsbild wies auf Burn-out hin, mehr Modebegriff als Diagnose, wenn ihr mich fragt. Jedenfalls fand Henry bei kilometerlangen Strandwanderungen auf Hiddensee wieder zu sich, und die Seeluft half ihm, sich zu entspannen und vom Alltagsstress zu erholen.

Zunächst wirkte sich die Flaschenpost auf unseren Henry positiv aus. Er nahm die grünliche Whiskyflasche mit ins Hotel. Der graue Metallverschluss wirkte angegriffen, und die Flasche sah aus, als wäre sie ziemlich lange im Wasser getrieben. Am Flaschenboden war ein Schriftzug in das Glas geprägt „*Laphroaig, bottled 1982*“. Das legte die Vermutung nahe, dass es sich um eine *äl*tere Nachricht handeln könnte. Henry stellte die ungeöffnete Flasche am Abend auf seinen Nachttisch. Er würde sie am kommenden Tag als Souvenir mit nach Hause nehmen.

Henry sollte nicht viel Spaß mit seiner Flaschenpost haben. Er trug sie nach dem Wochenende mit ins Büro, um sie seinen Mitarbeitern – Henry war selbständig mit eigenem Ingenieurbüro – zu zeigen.

Die Kollegen foppten ihn, vielleicht sei eine Schatzkarte der Vitalienbrüder in der Buddel, vielleicht fände er die Kenndaten eines gewaltigen Aktiendepots oder ein mittelalterliches Testament, das ihn reich machen würde. Die Müller aus dem Sekretariat konnte sich ein „Noch reicher!“ nicht verkneifen.

Henry tat seinem Team nicht den Gefallen, die Flasche vor ihnen zu öffnen, zu sehr hatte er sich über die blöden Kommentare geärgert. Erst am Abend nach dem Arbeitstag beschäftigte sich der Unternehmer noch im Büro mit seinem vermeintlichen Schatzfund.

Doch die Nachricht, die er fand, enttäuschte ihn. Auf dem Blatt stand eine kurze Notiz: „Hannah, 2017“, dazu eine Internetadresse.

Henry setzte sich vor den Computer und gab die Adresse ein. Die Seite öffnete sich.

Als Erstes sah Henry das Bild einer wunderschönen jungen Frau mit sinnlichen braunen Augen und langen dunklen Haaren. Irgendetwas an dem Bild schien jedoch nicht stimmig zu sein. Vielleicht ein leicht zynischer Zug um den Mund …

Henry klickte weiter und las auf der folgenden Seite die Geschichte dieser jungen Frau namens Hannah. Sie klang wie ein Hilfeschrei, transportiert durch das romantischste aller Postübertragungsmedien, durch eine Flaschenpost. Auf diese Weise waren bereits Gefangene von einsamen Inseln gerettet worden!

Hannah schrieb darüber, wie sie in ihrer Ehe von ihrem Mann misshandelt, vergewaltigt und geschlagen worden war. Sie beschrieb im Detail etliche der erlittenen Torturen. Alles sehr präzise, alles ohne jegliche Hasskommentare, alles auf den Punkt gebracht. Hannah berichtete vom Ende ihrer Beziehung, von der Trennung.

An dieser Stelle verschwand die Website. Und obwohl er es mehrfach versuchte, konnte Henry nicht mehr auf die Seite gelangen.

Die Mitteilung von Hannah hatte ihn berührt. Morgen würde er weiter versuchen, etwas über die Absenderin zu erfahren, vielleicht sogar nach einem Kontakt zu ihr suchen. Er startete die Datensicherung und Synchronisierung der Systeme in der Cloud und ging in den wohlverdienten Feierabend dieses ersten aufregenden Arbeitstages nach der Auszeit

Am nächsten Tag erwartete ihn Frau Müller aus dem Büro mit schreckgeweiteten Augen. Sie wies auf den Computer in Henrys Büro. Auf dem Bildschirm stand:

„Nimm diesen Totalabsturz als Bestrafung für alle Männer. Deine Daten sind unwiderruflich verloren. Vor allem und auch dann, wenn du ein Netzwerk mit aufwändigen Datensicherungen betreibst. Meine Nachricht habe ich zwanzig Mal ins Meer geworfen, und ich bete dafür, dass nur Männer getroffen wurden. Ich hoffe, dass ich dir maximal schaden konnte. Hannah.“

Nach etwa zwei Stunden verschwand der Text, und die Computersysteme gaben ihren Geist auf.

*Die Geschichte ist entnommen: Matti Sund, Dorit Biel, Das Corona-Ende, Steffen-Verlag Berlin, 2020

In der Heide

Horror

Auf dem Gellen

Die Nacht auf der Insel

Das Pärchen klammerte sich eng aneinander. Die junge Frau schluchzte zum wiederholten Male in dieser Nacht auf. Ihre Antennen signalisierten Gefahr. Das Lauschen war so anstrengend geworden, dass sich ihr Migräneanfall schleichend zu einem tosenden Pochen im Kopf oberhalb des linken Ohres entwickelt hatte. Als sie erneut aufschrak, weil das Knacken und Rumoren vor dem Zelt immer lauter geworden war, hielt ihr Freund Dima nicht mehr an sich. Seine Stress signalisierende Stirnader spannte die Haut unterhalb des Haaransatzes. Er fauchte seine Freundin Finja an:

„Sei endlich ruhig. Ich höre nichts. Wenn du dich nicht beruhigst Finja, kann ich nichts machen. Still jetzt …!“

Dima begann, den Reißverschluss der teuren Strandmuschel herabzuziehen. Dabei näherte er sein Auge dem sich erweiternden Gesichtsfeld. Vielleicht könnte er im Vollmondlicht erkennen, was …?

Er griff sich die zwei verbliebenen langen Heringe aus der blauen Zusatztasche des kleinen Zeltes und bewaffnete sich damit. Dann zog er den Reißverschluss im Halbkreis um die sich so vergrößernde Zeltöffnung. Bläulich schimmerte der Lichtschein in den kleinen Schutzraum unter dem millimeterfeinen Kunststoffgewebe.

Finja zog ihren Freund ängstlich zurück und signalisierte ihm, die kleine Strandmuschel weiter zu öffnen. Sie klammerte und schob.

„Pst! Sei leise und vorsichtig. Wenn es gefährlich wird, komm wieder ins Zelt.“

Finja unterdrückte ihren Weinanfall.

„Ich hab` so Angst …“

Dima schob den Kopf aus der Öffnung. Da das Liebespaar die leichte Stoffhütte vor zufälligen Nachtwanderern, dem Ortspolizisten oder Förster verbergen wollte, stand sie mit der Öffnung in Richtung eines gigantischen Hagebuttenstrauches, hinter dem der junge Mann jetzt die lauten, unheimlichen und beängstigenden Geräusche vernahm. Nichts zu sehen.

Er streckte das rechte Bein aus und wand sich, ohne den Reißverschluss vollständig zu öffnen, aus der schützenden Stoffhülle. Immer wieder hielt er inne und lauschte.

Das Schmatzen, welches er vernahm, änderte sich von der Intensität her. Er glaubte, ein leises Atmen zu vernehmen. Flüsterte da jemand? Lauerten Menschen darauf, sie zu überfallen? Oder gab es hier Raubtiere? Er schüttelte den Kopf: *So ein Quatsch!*

Der Zwanzigjährige erhob sich in eine gebückte Haltung und schlich sich um eine verkrüppelte Kiefer herum, mehr Strauch als Baum, um hinter die Hecke blicken zu können. Sein schlanker Körper warf im Mondlicht einen langen Schatten.

Finja verspürte, dass sich die dünne Türleinwand herabsenkte, als Dima die kleine Schutzmuschel verließ. In gleichem Maße, wie sich ihr Freund vorwärts tastete, zog sich das Mädchen bis an die Hinterwand des kleinen Zeltes zurück. Sie umklammerte einen der kräftigen Metall-Heringe, den ihr Dima zur Verteidigung vor wenigen Minuten in die Hand drückte.

Während sie stumm weinte und die Hand an die schmerzende Schläfe presste, schoss ihr ein, weshalb sie sich auf das Abenteuer einließ und wie diese Gefahrensituation entstanden war. …

Stunden vorher

Gemeinsam mit Dima und ein paar Freunden hatten sie noch vor 24 Stunden die letzten fantastischen Prüfungsergebnisse des jungen Mannes gefeiert und beschlossen, einen schönen und heißen Vorsommer-Ausflug auf der Insel zu verbringen. Sie verabschiedeten sich von ihren Eltern, packten die wichtigsten Sachen … und schon saßen sie auf der Fähre nach Vitte. Händchenhaltend. Eine preiswerte Unterkunft würden sie jetzt in der Vorsaison finden oder am Abend das Eiland wieder verlassen.

Schnell verging der sonnige Tag am Strand. Sie schliefen, badeten, aßen den mitgebrachten Proviant und liebten sich in der abschließbaren Strandmuschel.

Der Abend kam und sie suchten in Neuendorf nach einer Unterkunft. Keine der Pensionen und Privatquartiere, bei denen sie klopften, konnte sie aufnehmen.

Dima hatte gelesen, dass wildes Campen auf der Insel verboten und im Fall des Ertapptwerdens teuer sei. Als sie im Hafen von Neuendorf ankamen, hatte das letzte Schiff aus Neuendorf in Richtung Stralsund den Ort schon verlassen. In Vitte könnten sie noch eine Fähre erreichen. Und dann war Dima auf diese verrückte Idee gekommen:

„Wir bleiben auf der Insel. Es ist warm, wir haben ein Zelt und Handtücher dabei und werden eine Nacht in der Heide gut überstehen … Dann haben wir eine lange Nacht für uns allein.“ …

Die Nacht auf der Insel

Finja schüttelte sich. *Dima, wo ist Dima?*

Sie rief nach dem Jungen:

„Dima? Dima, wo bist du? Hast du gefunden, was hier so poltert, knackt und was diese irren Töne macht?“

Da fiel es ihr auf. Sie hörte keine Geräusche mehr, weder ihren Freund … und auch von dem bis dahin heftigen Trabbeln und Atmen konnte sie nichts mehr vernehmen. Sie lauschte.

Besorgt zog sich Finja wieder tief in das Innere der Strandmuschel zurück.

Stunden vorher

Skeptisch hatte sie Dima zugestimmt. Was sollte passieren? Sie hatten sich beide, und genau in dieser Nacht würden der einzige Inselpolizist oder ein Nationalpark-Ranger nicht gerade am unteren Zipfel des Eilands nach heimlich zeltenden Touris suchen.

Fröhlich schulterten die Zwei das kleine Tages-Gepäck und die blaue, flach verpackte Strandmuschel, und schon marschierten sie in Richtung des für sie romantischen Quermarkenfeuers auf dem Gellen, das sie von früheren Ausflügen kannten. Dann weiter in Richtung der für Besucher verbotenen Nationalparkkernzone, die sie auf keinen Fall betreten würden. In Nähe des alten flachen Hochstandes zogen sie sich in das Unterholz zurück, hinter einen Hagebuttenbusch, verstauten ihre Sachen und liefen zum Wasser, um ein letztes Mal für diesen Tag zu baden. Inzwischen hatten sie den Strand und den leicht bewaldeten Küstensaum fast für sich allein. Was für ein Erlebnis!

Als die den Gellen verlassenden letzten Radfahrer Richtung Neuendorf an ihnen vorbeifuhren, kehrte Ruhe ein. Ein schönes Tagesende, sie hatten sich richtig entschieden, hier zu bleiben!

Mit dem Abendrot der untergehenden Sonne zog eine rasante Gewitterfront auf. Rennend erreichte das Pärchen die versteckten Sachen. Dima schnellte die Strandmuschel auf. Zügig noch die Heringe in den sandigen Boden und schon peitschten Regen und Blitze über den Strandschutz, der ja nicht wirklich ein Zelt war. Beglückt sahen die zwei Abenteurer sich an und schmiegten sich aneinander. Romantisch.

Nach wenigen Minuten tropfte es aus den Nähten auf die Notcamper.

Finja ängstigte sich an diesem späten Abend das erste Mal, als sie von einem heftigen Blitz angeleuchtet und während des sich sofort anschließenden Donners das fahle und erschrocken wirkende Gesicht ihres Freundes aufblenden sah. *Fürchtete sich Dima?* Noch verdrängte das Mädchen ihre Angst. Da es mit dem Unwetter kühl geworden war, kauerte sie sich eng an ihren Partner. Sie breiteten die vom Baden und jetzt erst recht feuchten Handtücher über sich und versuchte zu schlafen.

Dima stützte ihren Kopf mit seiner Hand und streichelte sanft ihren Rücken. …

Die Nacht auf der Insel

Dima? Wo ist Dima?

Die verängstigte Studentin rutschte an den Zelteingang. Jetzt vernahm sie das grausame Geräusch. Viel dichter als vorhin. Es mischte sich mit einem rhythmisch näherkommenden Klopfen, mit Trampelschritten im Sand … und dann einem schreienden Dima, der das Mädchen aus dem Zelt riss.

„Komm schnell Finja, lass alles fallen. Komm!“

Das laute Brüllen erschreckte Finja, die sich vor Schreck und Angst kaum rühren konnte.

Dima zog sie aus der Erstarrung. Er schleppte das Mädchen die wenigen Meter weiter zum nahen Hochsitz und schob sie immer noch laut schreiend auf die Empore:

„Rauf da! Rauf da! Da kommen sie nicht hin!“

Jetzt endlich hechtete Finja die schmale und wacklige Leiter nach oben und warf sich auf die quadratische Holzfläche. Sie zitterte am ganzen Körper und traute sich nicht, sich nach der diesen Horror verursachenden Quelle umzuschauen.

Dima schmiss sich neben sie.

„Die haben mich fast gehabt. Das hätte ich nicht überlebt. Die Alte ist so geladen. Wenn die mich bekommen hätte …“

Auch der Junge zitterte und wies auf das sich unten und nur wenige Meter weiter im dämmrigen Lichtschein des Mondes abzeichnende Bild.

Eine schwere Wildschweinbache mit gedrungener Statur pflügte mit dem ausgeprägten Rüssel vor dem Zelt den lockeren Heideboden auf und scharrte mit den Schalen des Vorderlaufes, um ihren Nachwuchs gestreifter Frischlinge hinter sich zu versammeln. Auf ihr kräftiges Brummen hin antworteten die Frischlinge quiekend. Diese Geräusche vernahmen die beiden auf den Hochstand Geflüchteten so zum ersten Mal.

Die Bache beruhigte sich und nahm von den herabschauenden Menschen keine Notiz. Langsam trollte sie sich mit ihrer gestreiften Mannschaft. Für sie stellten die Geflüchteten keine Gefahr mehr dar.

Jetzt verspürten die jungen Leute die feuchte Nachtkälte. Der schöne Frühsommertag hatte darüber hinweggetäuscht, dass es nach dem Sonnenuntergang noch empfindlich kalt wurde. Sie warteten eine Weile und kletterten – jetzt in völliger Finsternis – ängstlich um sich schauend und hypersensibilisiert von ihrem Hochsitz herab und schlichen wieder zu ihrem Strandzelt.

Angekommen, schlossen beide die Stofftür und bedeckten sich mit allem, was sie fanden, mit den klammen Handtüchern, mit der Badetasche, mit der Hülle des Strandzeltes, kauerten sich zusammen und versuchten, zu schlafen. Aber sie fanden keine Ruhe.

Die leuchtende Digitaluhr von Dima schlich im Sekundenrhythmus …

Als der Morgen aus seinem matten Dämmerlicht in die Helligkeit des Tages wanderte, schreckten die verfrorenen aber endlich Schlafenden auf. Wieder näherten sich Schritte, das Knacken der Äste und alten Kienäpfel kehrte zurück. Sie hörten furchtbare und ihnen zum Teil unbekannte Geräusche: das Grunzen und Quieken der Schweine, das lächernde Keckern von Füchsen, das heisere Hustengebell von Rehen und die Stimmen verschiedenster Vögel. Sollten sich die Tiere gegen sie verschworen haben? Wieder nahmen beide die langen Zeltheringe in die klammen Fäuste und bereiteten sich darauf vor, zum Hochstand zu sprinten.

Sie zuckten zusammen und schrien auf, als etwas auf den Metallrahmen des Zeltes schlug. Ihre Nerven lagen blank.

Dima zog den Reißverschluss der Türöffnung herunter, während Finja ihn von hinten umfasste und stützte.

Vor dem Zelt kauerte ein ernster bärtiger Mann, dessen verfilzte Haartracht ihm bis an den Gürtel der Hose reichte. Entsetzt beobachteten die zwei Übernächtigten den finster ausschauenden Typen.

Er zog Dima auf die Füße und half auch Finja, das Zelt zu verlassen. Während er das tat, schaltete er sein Aufnahmegerät aus, mit dem er die verschiedenen Stimmen der Wald-Nacht eingefangen und die er sich angehört hatte, bevor er das blaue Zelt der beiden unfreiwilligen Camper entdeckte.

„Ihr habt Glück, dass *ich* euch gefunden habe. Das Campen hier ist streng verboten – wenn ich ihr wäre, würde ich zum Strand runtergehen und mich dort in der bald aufziehenden Sonne aufwärmen. Ich glaube, das hier könnt ihr gut gebrauchen. Während er das sagte, zog er einen Berg beschmierter Brote aus der Tasche und reichte Dima und Finja einen Thermosbecher mit heißem Tee. Und nehmt euren Müll mit, hier bleibt mir nichts liegen!“

Finja schaute immer noch besorgt auf den haarigen und bärtigen Typen. Ihr dämmerte, dass sie die schlimme Nacht überstanden hatten.

Am Strand

Inselurlaub III

Zwischen Kloster und Gellen

Kurz vor 21 Uhr. Am Strandabgang neben der Mühle in Vitte gehen Grüppchen von Urlaubern in Richtung Meer. Sie freuen sich auf ein besonderes Erlebnis. Im weichen Strandsand angekommen, nehmen sie wahr, dass auch andere Touristen den Weg um diese späte Zeit hierher gefunden haben. Sie lagern am Fuß der Düne, sitzen auf den Bänken oder im Strandsand. Einige suchen die beste Position für ein spektakuläres

Foto. Vielleicht hinter den farbigen Booten der Surf- und Segelschule? Oder ein Stückchen weiter hinter dem Reusendreibein, mit den weißen Fischtonnen und Netzresten im Blick, so, dass sie das an Land gezogene weiße offene Fischerboot vor der untergehenden Sonne ins Visier nehmen können? Sie unterhalten sich:

„Wir bewundern den Sonnenuntergang fast jeden Abend. Das gehört einfach zu unserem festen Programm hier auf der Insel. Es ist fast ein Ritual. Besser, als jede andere Attraktion." …

„Guck mal, die Sonne nähert sich der Wasserlinie, sie wird immer roter. Heißt das roter oder röter? Was bedeutet das für das Wetter? Regen morgen oder wieder Sonnenschein?" …

„Was mögen die Alten gedacht haben? Der Horizont ist dort zu Ende, dahinter taucht die Sonne ab, sie mussten glauben, dass die Erde eine Scheibe oder ein flacher Teller ist? Oder?" …

„Und siehst du links und rechts neben deiner roten Sonne die winzig-kleinen Windräder? Findest du die schlimm? Also, mich stören die nicht. Hast du sie schon mal gezählt? 1, 2, 3, 4, … 21 oder 23, genau ist das nicht auszumachen. Meine Augen sind auch nicht mehr, was sie mal waren. Dabei sollen die Dinger da draußen so hoch sein und uns angeblich die Sicht versperren." …

„Da, gleich ist sie weg, ich sehe nur noch die Hälfte!“

„Wunderschön, das ist entspannend, ich bin morgen wieder hier. Oder regnet es, wenn sie so rot ist?“ …

„Hallo, hallo, können Sie mal zur Seite gehen? Ja, Sie da. Die Sonne ist für alle da und nicht nur für Ihr Fotoalbum, hallo, ja, Sie meine ich.“ … „Der scheint schwerhörig zu sein!“ …

„Oooch, guck mal, meine Fotos. Schöner, als das Original, und dabei sagst du immer, ich kann nicht fotografieren.“ …

„Sie ist immer noch nicht weg! Hör doch auf zu knipsen, du kriegst gar nichts mit.“ … „Doch, ich habe die Bilder schon um die ganze Welt geschickt, das ist hier bunter und lebendiger, als in der Karibik.“ …

„Nu gugge doch ama – glei platscht se nei!“

„Jetzt ist sie weg, einfach verschwunden.“ …

„Stimmt, jetzt ist sie hinter deinen *Erdteller* gefallen, wollen mal hoffen, dass sie morgen wieder da ist.“ …

„Mmh, und dass es nicht regnet, weil sie so rot aussah!“

Am Vormittag, kurz vor der Hucke. Ein älterer Mann klettert auf den Steinen des Deiches herum. Er unterhält sich mit seiner aufgeregten Frau, die vor dem Bauwerk auf und ab läuft.

„Horst, komm da runter, auf dem Schild steht, dass wir von der Steinpackung des Deckwerks wegen der Unfallgefahr Abstand halten sollen. Die schreiben das nicht von ungefähr!" …

„Hier bin ich schon als Siebenjähriger geklettert und mir ist niemals etwas passiert. Wir sind über die Steine gerannt und haben ausprobiert, ob einer wackelt. Ich fühle mich wie früher."

Während Horst spricht, stolpert er über eine scharfkantige Steinecke und schlägt sich das Knie auf. Er klettert vom Steinwall herunter. Mühsam.

„Siehst du, Elsie, es geht doch nichts über ein kleines Abenteuer! Wie früher, es war fast wieder wie früher …"

Er presst sein Taschentuch auf die Wunde und versucht, den Schmerz zu ignorieren und zu vertuschen. Sein Humpeln versucht er vor Elsie zu verstecken, indem er tänzelt.

Elsie schüttelt den Kopf und schmunzelt leise in sich hinein.

Zum Glück ist nichts Schlimmeres passiert.

Ein kleines Stück von diesem Pärchen entfernt, sitzt eine junge Frau im Sand und stochert mit einem Stock in den Seegrasfasern. Sie sucht Bernsteinbröckchen und lässt sich nicht aus der Ruhe bringen. In der letzten Stunde hat sie zwei Bernsteinfragmente von der Größe eines Streichholzkopfes gefunden. Was will sie damit anfangen? Oder geht es ihr etwa gar nicht um die Ministeine?

An ihr geht eine Familie vorbei. Die dreizehnjährige Tochter trägt an einem längeren Bindfaden aufgereihte Hühnergöttersteine. Ihre Kette ist schwer geworden. Zu schwer für eine Wanderung um die Hucke herum. Das ist dem Vater nicht entgangen:

„Wat schleppste die Steine?“

„Die ham` alle `n Loch.“

„Und? Schmeiß` wech!“

„Nö, die kommen mit nach Hause. Sind Hühnergötter. Verstehst`? Hühner*götter*! Wer weiß, wozu die gut sind. Ja, sind schon schwer. Wat meinste, wat soll ik machen?“

„Schmeiß die Steine wech, nimm nur die Löcher mit!"

Lachend geht der Vater weiter.

Trotz der kühlen Brise von See präsentiert einer der Urlauber seinen freien und braunen Oberkörper der Sonne. Er ist muskulös und protzt mit seinem Aussehen.

Während er sich spreizt, beobachtet seine grimmige Partnerin bei den vorbeimarschierenden Wandergruppen, ob die mitziehenden Frauen ihren Mann mustern. Ihr Gesicht ziert eine Mischung aus Stolz und Frust:

„Alles meins, kommt ihm nicht zu nahe!"

Einige hundert Meter weiter sitzen zwei Ehepaare mit einem ungarischen Jagdhund im Sand. Das Tier – Tilda – ist in einen kantigen Stein getreten, blutet und kann nicht weiterlaufen. Die Besitzer bauen aus zwei Wanderstöcken und aus einem zerrissenen Unterhemd eine provisorische Trage. Abwechselnd versuchen sie das kräftige Tier zu schleppen. Das kann nicht gut gehen. Der Hund jault und die bemühten Träger geben auf.

Viele Menschen pilgern an der kleinen verzweifelten Gruppe in beide Richtungen vorbei und geizen nicht mit Tipps und Bemerkungen.

„Abbinden, ich würde das abbinden!" …

„Hoffentlich muss er nicht eingeschläfert werden, unsere Nachbarn hatten ein Pferd mit gebrochenem Bein, da kam der Tierarzt mit der Spritze." … „Kann ihn nicht einer wie ein Baby tragen?" …

„Sieht man doch, dass ein Hund hier nicht laufen kann. So ein edles Tier und Sie machen den kaputt. Schämen Sie sich!" …

„Versucht es doch mal Huckepack, äh, Hundepack, hihihuho!" … „Geht einfach los, der kann auch auf drei Beinen laufen und kommt hinterher. Tut so, als ob ihr ihn sitzen lasst!"

Ein Pärchen, dass die Probleme des Hundes und seiner Besitzer erkannt hat und helfen möchte, spricht etliche Minuten später im Rettungshäuschen des DLRG in Kloster am Strand die Lebensretter an:

„Dort hinten, fast um die Hucke herum, liegt ein verletzter Hund, fällt das in euer Revier, könnt ihr helfen?"

Einer der Retter fragt nach und entscheidet:

„Ihr Zwei, er spricht seine Kameraden an, ‚bleibt hier und sichert den Strand – heute geht vermutlich niemand mehr ins Wasser. Zu kalt. Ich schnappe mir eine Trage und versuche, das Tier hierher zu bringen. Klar helfen wir, ich bin ein Hundefreund – das fällt in unser Ressort.'"

Kurz vor Neuendorf pflanzt eine Gruppe von Strandgängern, die das kühle Wetter nicht abschreckt, ein Baumgespenst mit kahlen Ästen in den Sand ein. Es ist witzig, mit anzusehen, wie ernsthafte und gestandene Männer mit kleinen Kinderschaufeln ein großes Loch ausheben, den Stamm einsetzen und dann das Loch zuschaufeln. Andere tragen Steine heran und beschweren die Pflanzstelle, als gelte es, ein Jahrhundertbauwerk zu sichern. Zum Schluss wird ein weißes Büschel Schwanenfedern im Geäst des Strandbaumes verankert.

Die Bauleute treten zurück und bewundern ihr Werk, dann schlagen sie sich auf die Schultern.

„Das sieht schön aus. Ich finde, das hat etwas von Kunst."

Ein anderer gibt zu verstehen, dass ihm der Baum gefällt:

„Hier, wo von Natur aus nichts wachsen kann, steht jetzt unser Schwanengewächs. Was meint ihr, wie viele Menschen stehen bleiben werden und darüber nachgrübeln, wie das hier wachsen konnte.“

Als sie ihre Baustelle verlassen, läuft ein Dackel mit Stummelschwanz zum Schwanenbaum und hebt das Bein.

Hiddenseer Strandtaufe!

Der Windschutz

Eine humorvolle Reaktion

Vor Neuendorf am Strand

„Biene, soll ich unsere Windschutzgeschichte als kurze Erzählung mit in das Hiddenseer Fotobuch aufnehmen, was meinst du?“

„Ich weiß nicht, so lustig fand ich das nicht, Bohne. Obwohl, wenn ich bedenke, wie der eklige Kerl dich in den heißen Sand gedrückt hast, irgendwie witzig war das schon …“

„Ich frage mich, was die Kinder später denken, wenn sie das Buch durchblättern und dann diese peinliche Episode zwischen all den schönen Fotos lesen. Sie können sich sicher nicht vorstellen, was es mit der Prügelei auf sich hatte. Zum Glück gibt es keine Aufnahmen von der Aktion. Ich und so ein hektisches Geraufe, das halten sie ohnehin für unmöglich …“

„Ach, Bohne, du musst das so erzählen, wie es ein neutraler Außenstehender erlebt hätte, dann können die Beiden nachvollziehen, was dich so in Weißglut versetzt hat, dass du dem Typen an die Wäsche, haha, ‚an die Wäsche‘ gegangen bist.“

„An die Wäsche, ha, der war wirklich gut, Biene …“

„Fang doch einfach so an, wie es war. Du weißt doch, was wir den Kindern immer sagen: ‚Fange vorne an, also, du bist dort angekommen … Erinnerst du dich?‘“

„Ich helfe dir: Gleich nachdem wir im ‚Godewind‘ ankamen, schnallten wir den schweren Windschutz und den Gummihammer wie in den Jahren zuvor an die Querstange deines Fahrrades. Auf ging`s in Richtung Neuendorf. Das Wetter war mau, aber wir wollten nicht baden fahren an diesem ersten Tag, wir wollten lediglich den Windschutz an ‚unserer Stelle‘

aufstellen und Ausschau halten, ob ‚unsere Stelle‘ – eigentlich wie immer – noch saisonjungfräulich für uns ‚reserviert‘ sei.“ Wie immer bestellten wir im Vorbeifahren in der ‚Heiderose‘ einen Tisch für zwei Stunden später. Der Ober war der Ober aus den Vorjahren, der sich ‚natürlich‘ an uns erinnerte …“

„Ist doch klar, bei deinem üppigen Trinkgeld jeden Tag hast du dem schließlich die Überwinterung auf einer Kanareninsel oder im Südtiroler Skiurlaub bezahlt.“

„Wie dem auch sei, auf jeden Fall hatte er sich auch in diesem Jahr wieder so hingestellt, dass er dir locker in den weiten Ausschnitt gucken konnte …“

„… Mann, das kannte er noch alles aus dem Vorjahr, du sagst doch selbst, da hätte sich nichts groß verändert …“

„Jedenfalls hat der Typ in trinkgeld- und sonstiger freudiger Erregung zu erkennen gegeben, dass er sich an mich gut erinnerte, während er sich auf seinen feisten Bauch klatschte, – ‚Na, du bist ja gut über den Winter gekommen!‘ –, daran, dass wir jedes Jahr hier anlanden – ‚Treibt`s euch mal wieder auf die Insel, ihr Berliners?‘ – und an deinen netten Ausschnitt – ‚Ich denke, wir haben auch dieses Jahr wieder viel Spaß, wenn ihr hier einkehrt!‘, wobei ihm die Glubschaugen fast in dein Dekolleté fielen."

„Warum bist du so gemein, Böhnchen, der war doch putzig!"

„Sehr putzig, der fette Spanner, auch bei der späteren Kaffeepause, nachdem er sich den Fünfziger leider nicht gemerkt hatte, wirklich leider gar nicht, und wieder auf Zwanzig rausgeben wollte – übrigens wie im Vorjahr."

„Genau, und dann hast du ihm das so vorgerechnet, dass er völlig verwirrt war und dir aus Versehen einen Zehner zuviel rausgab, den du behieltst, du schlimmer Finger."

„Bist du nachtragend! Egal, ich weiß nur, dass wir dann 200 Meter weitergefahren sind, um durch die trockene Heide zur Düne zu gelangen. Ja, und wir erwischten wie in jedem Jahr zunächst den Weg, der in das riesige Sandloch führt, durch das wir die Fahrräder etliche Meter fast schleppen mussten."

„Und du sagst in jedem Jahr dasselbe."

„Das gleiche, meine Liebe, das gleiche: ‚Einen Weg weiter hätten wir`s getroffen!'"

„Ja, genau, Bohne, kannst du dir das bitte endlich mal einprägen? ‚300 Meter, Bank auf der rechten Seite

… und Abfahrt. Kann doch nicht so schlimm sein …!‘“

„Das musst du sagen, Bienchen, wo du in Vitte jedes Mal fragst, ob wir in Richtung Neuendorf nach rechts abbiegen müssen… auf Hiddensee, wo es nur oben und unten, nur Norden und Süden gibt …“

„Haha, du Besserwisser …“

„Na, jedenfalls haben wir ‚unsere Stelle‘ schnell gefunden. Gleich links hinter dem dünnen Trampelpfad über die wellige und unregelmäßig mit Strandhafer bewachsene Düne zwischen auslaufenden kleinen Bewuchsinselchen mit natürlichen Senken als Schutz vor Wind und Sonne.“

„Du hattest die Fahrräder mit deinem vier Meter langen Seil und drei Schlössern wie immer an der schlanken hohen Birke gesichert, als hätten vorbeiradelnde Touristen in der Heide eine Motorsäge, Fräsbank oder einen Bohrhammer dabei, um die Räder zu klauen. Deine schwere Eisenkette muss immer alle vier Räder, die Rahmen und Helme einfassen, es erinnert an körperliche Arbeit, wenn du unsere Fahrräder anschließt. Und ich wedle dir immer die Mücken weg, damit die dich bei der Aktion nicht auffressen“ …

„Biene, wie oft …“

„… ja, wie oft wird auf der Insel ein Fahrrad geklaut, das man mit dem Schiff nach Stralsund oder Rügen transportieren müsste. Du hast unsere Namen eigens für Hiddensee zentimetergroß in die Rahmen gravieren lassen: ;Biene ihr`s!' und ,Bohne sein`s!'. Wie peinlich, Bohne!"

„Und? Sind die Teile schon mal geklaut worden?"

„Am Strand war wie immer ... niemand! Das ist so genial an dieser Stelle, ich liebe das, Bohne. Ein fantastischer FKK-Strand, an dem man ringsherum fotografieren kann, weil sich niemand daran stört, selbst bei schönem Wetter nicht – nach links niemand zu sehen und nach rechts schon gar keiner."

„Ich weiß, und wen fotografierst du völlig entblößt im Sand kniend und Bernsteine suchend? Mich! Und dann sendest du das Foto zu euch in die Frisiersalongruppe ... mit der zynischen Bemerkung: ‚Er hat nix und er findet nix!'"

„Das war ein fatales Versehen, für das ich mich bei dir entschuldigt habe, ich wollte das Bild meiner Mutter schicken."

„Na danke. Deiner Mutter!"

„Du hattest mich dann dafür beim Schlafen am Strand geknipst und deinen Kumpeln das Foto mit der Bildunterschrift gesendet, dass wir diesmal im Riesengebirge seien. Das war wohl besser?“

„Eins zu eins, Biene, ich hab`s schon mal gesagt, dass wir quitt sind.“

„Egal, du bautest den stabilen Windschutz auf – ein weiches, dreißig Zentimeter hohes und kuschliges Sandbett gleich unterhalb des Dünenfußes, zu den Seiten leicht ansteigend, wie ein natürliches Kissen. Exakt vor die Düne und nicht in die Düne. Dann schlugst du die Holzstangen mit dem Gummihammer ringsherum ein, dass sie unseren Urlaub überdauern würden, ohne sie nachträglich immer wieder zurechtrücken zu müssen. Das machst du sehr akribisch, Bohne. Zum Urlaubsende haben wir jedes Mal zu tun, die Stangen wieder herauszuziehen.“

„Ich halt`s nicht aus, das klingt fast wie ein Lob aus deinem Mund, mein Schatz! Nur ein wenig vergiftet.“

„Nein, nicht vergiftet, ganz im Gegenteil … Ich seh` dich noch vor mir, wie du den Sand um die Stangen des Windschutzes angehäuft hast und immer wieder einige Meter zurückgetreten bist, um zu kontrollieren, ob alles fest steht, gerade aussieht und uns für den Urlaub Schutz bietet. Für diese Perfektion liebe ich dich.“

„Alles wie in jedem Jahr, Biene, alles wie in jedem Jahr, die Probleme begannen am folgenden Tag."

„Das stimmt, Bohne, wir kamen über die Düne und hielten nach unserem blau-rot-weißen Windschutz Ausschau …"

„Mitten in unserer Stoff-Sasse umfasste ein riesenhafter, splitterfasernackter Kerl seine nicht viel kleinere unbekleidete Frau mit seinem muskulösen Arm um die Schulter und blickte in Richtung Ostsee. Mit dem anderen Arm machte er sie auf irgendetwas vor dem Horizont aufmerksam. Dann rannten beide los und hechteten sich nach wenigen Schritten in die aufschäumende See und kraulten los, als würden sie die Ostsee in kurzer Zeit durchqueren wollen."

„Was für ein Paar. Wir liefen zum Windschutz und erstarrten. Die zwei Sportler hatten es sich in *unserer* Sasse gemütlich gemacht: Ihre Bekleidung steckte in zwei Strandtaschen. Sie hatten ihre quietschbunten Handtücher über ISO-Matten abgelegt und allerlei Strand- und Urlaubsnützliches darüber ausgebreitet: zwei Bücher, Kopfhörer, Wasserflaschen, Sonnenbrillen …"

„Ja. Sie hatten sich häuslich eingerichtet. Biene, ich höre heute noch, wie du flüstertest, als können sie uns da draußen im Meer hören:

‚Unser Windschutz, die haben uns unseren Windschutz geklaut … Weißt du noch, Biene, dass wir uns nicht in ‚unseren Windschutz' getraut haben, weil ihre persönlichen Sachen dort lagen?"

„Stimmt, Bohne, und sie ließen sich Zeit, obwohl sie uns bemerkt hatten. Sie tollten im Wasser herum und taten, als gäbe es uns nicht. Dabei hatten die uns längst gesehen."

„Lachend kamen sie aus dem Wasser, kraftstrotzend, sportlich federnd und offensichtlich … neugierig auf uns. Biene, kannst du dich erinnern, was sie sagten?"

„Als wäre es heute gewesen: ‚Moinsen, toller Tag heute, oder?'"

„Mein Blutdruck schoss in die Höhe. Ich versuchte es locker mit deeskalierender Fröhlichkeit:

‚Guten Morgen Freunde! So ein schöner Tag, ein leerer Strand … und ihr Zwei habt euch in unseren Windschutz verlaufen. Das kann ja mal passieren! Haha! Haha!'"

„Daran kann ich mich erinnern, Bohne. Obwohl, locker klingt anders. Du warst mit deiner gepressten Stimme etwa so locker, wie ein schlotternder Abiturient vor seiner letzten Prüfung. Und dein ‚Lacher' klang wie ein Hustenanfall …“

„Und dann skandierte der Kerl langsam, ganz langsam und gelassen: ‚Euer Windschutz?‘ Seine riesige Pranke senkte sich neben meinem Ohr auf meine Schulter und seine nackte Tussi wiederholte mit rauchiger Stimme, affektiert und scheinheilig:

‚Euer Windschutz?‘

Und dann, meine liebe Biene, dann bist du ausgerastet!“

„Stimmt, mich hielt nichts mehr. Ich ging dazwischen, weil ich Angst hatte, der Riesenkerl würde dir weh tun mit seiner Riesentatze neben deinem kleinen Köpfchen. Ich war so aufgeregt, dass ich stolperte und dich dabei versehentlich gegen ihn schubste. Du jedenfalls hattest Not, nicht zu stürzen und musstest dich festkrallen … an seinem markig-tätowierten Arm. Prompt wertete er das als einen tätlichen Angriff und warf dich über die nackte Hüfte abdrehend weit vor sich in den zum Glück weichen Sand, was seine Freundin, die diese Aktion mit einem weit ausholenden Luftschwung simultan begleitete, mit den Worten kommentierte: ‚Ein Bilderbuch-O-goshi!‘“

„Ich kann mich an den Flug durch die Luft nicht erinnern, auch nicht an den Aufschlag in den Sand. In

Erinnerung ist mir ausschließlich, was danach kam …"

„Ich weiß, Liebling, ich weiß, du hast es schon tausendmal erzählt. Der nackte Typ setzte sich breitbeinig auf deine Brust, hielt dir den … Zeigefinger vor die Nase und sagte den langen Satz, den du immer wieder zum Besten gibst, so dass selbst ich ihn mir gemerkt habe:

‚Pass auf Freundchen', – er äffte dich nach, ‚haha, haha' – ‚du hast mich angegriffen, ich habe mich gewehrt, als Sportler mit Reflexen wie gelernt … und du bist auf dem Holzweg, das ist nicht ‚dein Windschutz', du könntest es nie beweisen, Freundchen, wenn du nur einen guten Grund hättest, der mir klar machte, dass du Recht hast, würden wir uns verziehen, da bin ich als fairer Sportsmann nicht nachtragend, ich würde meine Klamotten nehmen und gehen, verstanden, darauf kannst du dich verlassen, aber jetzt verschwinde, oder gib mir einen guten Grund, der mich umstimmt, also? Nur einen guten Grund und wir verpieseln uns?'"

„Ich konnte nichts einwenden, Biene, ich war wie benebelt, der Typ fühlte sich vom Baden so nass und kalt und so eklig … nackend an."

„Mmh, er erhob sich gelassen, kniete sich kurz vor deinem Kopf nach links ab und erhob sich in voller Pracht. Dann klatschte er seiner Riesenpüppi mit der flachen Hand auf den üppig-prallen Hintern, schob sie in unseren Windschutz und die Zwei legten sich demonstrativ langsam und genüsslich auf ihren ausgebreiteten Handtüchern auf den Rücken, um uns über ihre aufgestellten Knie hinweg anzugrinsen … Was für ein Bild!"

„Uns hielt nichts am Strand, Biene, wir traten den Rückzug an und stiegen auf die Räder. Mir zitterten Arme und Beine. Mich plagte ein Ganzkörperwaschzwang! An der ‚Heiderose' rasten wir in Richtung ‚Godewind' vorbei, der Tag war gelaufen. Mein Zittern hielt bis zum späten Abend an."

„Ich weiß noch, Bohne, wie wir am Abend diskutierten. Und wir fassten unseren Plan."

„Stimmt, Biene, gleich am nächsten Tag schlugen wir zu. Wir fuhren zur gleichen Zeit an ‚unsere Stelle' und sahen unseren Sportler und seine Freundin wie am Vortag ausgelassen im Wasser planschen."

„Du warst mutig und erwartetest sie im Sand sitzend."

„Genau, Biene. Sie kamen auf mich zu und ich grüßte demonstrativ fröhlich, obwohl mir das flatternde Herz längst in die Hose gerutscht war. Der Typ schlenderte aufreizend langsam auf mich zu:

‚Moinsen, na Freundchen, da bist du ja wieder, ist dir etwa ein Grund eingefallen, weshalb das ‚dein Windschutz' sein sollte?'

Ich antwortete nicht, noch nicht. Dann sah er hinter die Stoffbespannung und schrie auf:

‚Was ist…, wo hast du …, wieso? … unsere Sachen?'

Ich sagte:

‚Was meinst du? Deine Klamotten, Badetaschen und Handtücher? Nun, meine Frau ist gerade unterwegs und gibt das alles im Restaurant ‚Heiderose' für euch ab, damit es nicht verloren geht. So, Sportsmann, ist das ein Grund genug, dass ich ‚unseren Windschutz' wiederbekomme? Spielst du wirklich sportlich fair – ‚Wir verschwinden, wenn ihr uns einen guten Grund nennt?'

Der Typ ballte die wuchtigen Fäuste. Seine gigantische Amazone fauchte mich an. Dann grinste er, stieg mir nackend wie er war, über die Schulter, so dass mir der Sand von seinen Riesenfüßen auf den Kopf rieselte und sagte:

‚Du hast gewonnen, Freundchen, und jetzt ruf' deine Frau an und sag ihr, dass sie die Klamotten wieder herbringen soll, du hast gewonnen. Wir suchen uns einen anderen Windschutz.'"

„Ja, Bohne, wir trafen die beiden Windschutzdiebe die nächsten Tage immer wieder irgendwo auf der Insel, wie das nun mal so ist auf Hiddensee. Man trifft sich. Sie grüßten uns, was ich nie erwartet hätte, vermutlich hatten sie Respekt vor unserer Aktion. Einmal hörten wir, was sie sich zuraunten:

‚Da sind wieder Freundchen und seine Hummel, pfiffige Leute, die Zwei! Und sie haben einen so schönen Windschutz!'"

Das Malweib

Ein surreales Treffen

Kurz vor Kloster

***Siehe Abbildung auf der Rückseite des Buches!*

„Opi, wenn wir bei dir sind, musst du mit uns spielen!“

Der siebenjährige Claas steht vor seinem Großvater und präsentiert verschiedene Spielealternativen.

„Wir könnten aus Decken eine Höhle bauen und gemeinsam ein Abenteuer erfinden, oder rausgehen und im Wäldchen nach Tieren suchen? Was meinst du?“

„Ja, Opi, du guckst immerzu auf das Bild da an der Wand. Das ist bestimmt so alt, wie du, das kennst du schon lange genug. Was findest du daran so spannend, dass du es dir immer wieder ansiehst? Langweilig! Du weißt bestimmt nicht einmal, wer dort drauf zu sehen ist. Jetzt sind wir hier."

Greta schüttelt den Kopf. Als Schülerin der sechsten Klasse hat sie gelernt, Bilder zu interpretieren und empfindet Spaß daran, sich mit dem Dargestellten auseinander zu setzen. Aber so spannend ist diese kleine unter Glas gerahmte Abbildung nicht, als dass ihr Großvater stundenlang darauf starren sollte.

Der Opa gibt seinen Enkeln Recht.

„Stimmt, wenn ihr bei mir seid, möchte ich mit euch etwas unternehmen, aber leider …"

Er schlägt die Gardine zurück und zeigt den Kindern den pladdernden Regen.

„Mit einem Ausflug wird das nichts. Aber deine Höhlenidee ist nicht schlecht, Claas. Von mir aus könnten wir hier unten einen Deckeniglu bauen und ein spannendes Abenteuer erleben. Wollen wir das machen? Was meint ihr?"

Kaum hat er die Worte ausgesprochen, flitzen die Geschwister in die obere Etage und zerren alle Decken, die sie finden können, aus den Schränken und Truhen. Noch ein paar Kissen, und schon kann das Abenteuer starten.

Mit Stuhllehnen als Halterungen, den großen Esstisch einbezogen und mit dem plüschigen Teppich als Kuschelboden, entsteht eine geräumige, mit zwei Taschenlampen beleuchtete Wohnstubenhöhle. Sie bemerken nicht, dass der Großvater den Eingang in Richtung des Bildes platziert hat, dem noch vor wenigen Minuten seine Aufmerksamkeit galt.

Schon sind die zwei Höhlenforscher im Inneren der ‚Grotte' verschwunden. Der Großvater folgt ihnen auf den Knien. Während er aufrecht in der Mitte der Zelthöhle sitzen bleibt, kuscheln sich die Enkel an ihn. Sie haben die Vorhangtür geschlossen und genießen die Erlebnisstimmung. Prompt kommt die erwartete Frage:

„Kannst du uns eine spannende Geschichte erzählen, Opi?"

Der Großvater bestätigt:

„Natürlich, und sogar gerne. Aber bevor wir damit beginnen, möchte ich, dass ihr mir etwas erklärt."

Mit diesen Worten öffnet er den provisorischen Eingang der Höhle, nimmt die Taschenlampe und leuchtet auf das Gemälde an der Wand.

„Wir gehen gleich auf eine Reise. Vorher beschreibt mir, was ihr seht!“

Greta zieht die Stirn kraus.

„Muss das sein? Wieder das blöde Bild. Wir wollen ein Abenteuer erleben.“

„Ja, wartet ab, es wird aufregend. Was siehst du, Claas.“

„Da geht eine Frau mit zwei Kindern über einen Feldweg. Sie hat ein kleines Mädchen auf dem Arm und zieht einen ein bisschen dicken Jungen hinter sich her. Der Maler ist nicht fertig geworden, die Gesichter sind nicht zu erkennen.“

„Und du, Greta, was siehst du?“

Greta analysiert das kleine Gemälde, wie sie es in der Schule gelernt hat.

„Das Bild ist ziemlich alt, vielleicht 50x30 Zentimeter groß und in einer etwas trüben Stimmung in erdigen Farben gemalt.“

Greta beobachtet, ob die beiden Zuhörer mitbekommen, dass ihre Beschreibung Struktur hat und dass sie neu gelernte Ausdrücke verwendet: „Erdig!“

Sie spricht weiter:

„Im Vordergrund sind die drei Personen, die Claas schon genannt hat, bestimmt eine Mutter mit ihren Kindern, die an einem Feld entlang gehen. Im Hintergrund sehe ich eine Landschaft mit Bäumen und ganz links hinten verschwommen ein Haus, aus dem sie gekommen sein könnten. Die Kinder haben blonde Haare, auf denen man einen leichten Schimmer der Sonne sieht. Das Licht kommt von vorne, ich denke, sie gehen morgens über das Feld. Ja, und das könnte ein Ölgemälde sein, es ist mit einfachen Holzleisten gerahmt."

Flink klettert das Mädchen aus der Höhle und leuchtet mit ihrer Taschenlampe über den rechten unteren Bildrand. Sie liest den dort stehenden Namen vor:

„Der Maler heißt E. Büchsel. Das könnte Ernst, Emil, Egon oder Erwin heißen, so alte Namen hatten die damals."

Sie kichert und setzt sich neben die zwei anderen Höhlenforscher. Man sieht ihr an, dass sie stolz ist, ihre Bildinterpretation gekonnt abgeliefert zu haben.

„Das war gut, was ihr gesehen und beschrieben habt."

Der Alte kommentiert die Interpretationen der Kinder nicht weiter. Er zieht den *Höhleneingang* zu und schaltet eine der beiden Taschenlampen aus. In der Höhle ist es jetzt schummrig.

„Die Künstlerin ist eine gute Freundin von mir. Sie heißt Elisabeth Büchsel und war vor einhundert Jahren ein ‚Malweib', das in Stralsund und auf Hiddensee lebte."

„Malweib sagt man nicht, Opi, du meinst, dass die Elisabeth eine Malerin war. Aber wie denn nun, du behauptest, sie ist eine Freundin und hat vor einhundert Jahren auf der Insel gelebt. Opi, du schwindelst – sie malte damals auf der Insel und ist heute deine Freundin?"

„Oh doch, Greta, das geht. Ich kenne, besser, ich kannte sie nicht persönlich. Sie ist für mich eine gute Freundin durch ihre Bilder geworden und auch, weil sie ein interessantes Leben hatte. Wollen wir sie besuchen?"

„Jetzt gleich? Das ist super!"

Claas rutscht in Richtung Eingang, um sich für den Ausflug fertig zu machen. Sein Großvater hält ihn zurück.

„Nein, Claas, wir unternehmen eine Abenteuerreise und bleiben hier in unserer Höhle. Aber, was sage ich: H Ö H L E? Falsch, wir bleiben hier in unserem R A U M S C H I F F!

Stellt euch folgendes vor: Mit einer Rakete, die sich durch das Weltall schneller bewegt, als das Licht, könnten wir in alte Zeiten zurückreisen."

„Opi, das funktioniert nicht. Man kann nicht schneller sein, als das Licht."

Greta schüttelt den Kopf.

„Schneller als das Licht geht nicht."

„Greta, es ist ein Abenteuer, ein Experiment. Da geht alles. Also, stellen wir uns vor, unsere Rakete wäre viel schneller, als das Licht. Dann würden wir mit großem Tempo von der Erde wegrasen. So geschwind, dass wir all das, was jemals auf der Erde geschehen ist, einholen. Weshalb? Nun, die Sonne scheint auf uns herunter und alles, was sich hier befindet oder bewegt, würde in das All abgestrahlt, also reflektiert, werden. Wie von einem riesigen Spiegel. Wenn man ihn schräg hält, wirft er das Licht zurück, dass es sich spiegelt. Sind wir also schneller, als das abgestrahlte Licht, fliegen wir an diesen Spiegelbildern vorbei. Wir überholen sie und sehen sie. Ganz einfach."

Der Großvater richtet die Taschenlampe auf den Reflektor der ausgeschalteten zweiten Handleuchte und zeigt den Kindern den Lichtschein an der Unterseite des Tisches, also an der Decke der Höhle oder jetzt des Raumgleiters.

„Seht ihr? Also würde unsere Allfähre die Spiegelbilder des Lebens passieren, das es hier auf der Erde gegeben hat. Wenn wir nur ein wenig schneller sind, als das Licht von der Erde, sehen wir, wie ihr geboren wurdet, noch ein wenig schneller von der Erde weg würden wir eure Eltern als Kinder wahrnehmen. Und da, schaut genau hin, da stehe ich als kleiner Junge in Stralsund am Sund und gucke auf das Wasser. Zwei böse Mädchen nehmen mir meinen Plüschteddy weg, reißen ihm Arme und Beine aus und er schwimmt dort irgendwo im Wasser. Wenn wir uns noch schneller vorwärtsbewegen, können wir weit von der Erde entfernt die Abbilder der Saurier einholen, die es früher hier gab. Versteht ihr das?"

„Ein tolles Experiment, Opa, so könnte man alles einholen und sich anschauen. Wollen wir noch ein bisschen weiterfliegen?"

Claas sieht seine Schwester im Halbdunkel an. Greta weiß noch nicht genau, wie sie mit dem Gehörten umgehen soll. Aber sie hat schon längst erkannt, worauf der Großvater hinaus will.

„Dann könnten wir nach Hiddensee fliegen, um deine alte Malerfreundin zu besuchen?“

„Ja, genau Greta, warte, ich steure das Landemodul auf eine Umlaufbahn. Da seht ihr Stralsund mit seinen mittelalterlichen gotischen Kirchen, wir fliegen über die Marien- und über die Nikolaikirche hinweg und über das Ozeaneum, über den Sund und über die Südkante der Insel Rügen, da ist Altefähr und jetzt seht ihr die wie ein Seepferdchen ausgestreckte Insel Hiddensee. Oh, ich muss aufpassen, dass ich den Höhenzug von Kloster nicht streife. Ich gehe in den Sinkflug und in den Langsamflug über. Anschnallen! Prtschsch! Haltet euch fest!“

Der Großvater klingt jetzt aufgeregt, ein wenig hektisch und vermutet richtig, dass seine Dramatik die Kinder mit in die Geschichte hineinzieht.

Das ist nach dem Geschmack der Enkel. Sie simulieren die Lenkmanöver des Großvaters mit Körperbewegungen, schwingen nach links und rechts und lehnen sich zurück, um den Bremsvorgang ihrer Raumsonde auszugleichen.

„Achtet darauf, ob ihr zwischen den Dünen, am Strand oder auf den Wiesen einen weißen großen Sonnenschirm erkennt! Unser Malweib schützt sich vor den Strahlen, vor allem aber beschattet sie ihre Staffelei, um die Farben real empfinden zu können. Ich gleite langsam weiter."

„Da, da da da da … Da ist sie, Opi, ich sehe sie!"

Gretas Stimme überschlägt sich fast. „Seht ihr sie auch?"

Der Opa stützt sich seitwärts ab und antwortet:

„Ja, sicher. Das ist Elisabeth Büchsel, ich erkenne sie, weil mir alte Fotos von ihr vertraut sind. Das ist unsere Inselmalerin. Wir müssen etwa um 1912 auf der Insel gelandet sein. Wir stehen gleich neben dem alten Hohlweg, der von Vitte nach Kloster führt. Guckt, sie trägt ihre Staffelei auf dem Rücken. Die Künstlerin muss etwa 40 Jahre alt sein. Obwohl es nicht kalt zu sein scheint, zum Glück regnet es nicht, die Sonne schimmert hinter den grauen Wolken hervor, ist sie ordentlich warm eingemummelt. Sie trägt einen Hut und über dem wollenen Pullover eine dicke Jacke. Nach einem festlichen Sonntagsstaat sieht das nicht aus. Eher praktisch und mollig. Und lustig finde ich ihre kleine Brille, durch die sie unser Raumschiff mustert."

„Siehst du auch ihre Palette und die Pinsel, Opi?“

Claas lässt sich auf das Spiel ein.

„Ja, guck doch genau, sie hat einen Malkasten und eine Farbmischplatte auf die Staffelei geschnallt, die sie da mit sich schleppt. Siehst du das?“

Claas schirmt die Augen mit der Hand ab und blinzelt.

„Mir scheint die Sonne in die Augen, aber jetzt sehe ich es auch.“

„Kommt, wir steigen aus, Kinder und sprechen sie an!“

„Au ja!“, Greta hat das Spiel gefangen genommen. „Ich bin gespannt, was sie sagt!“

Sie hilft ihrem Opa, sich aus der engen Raketenluke zu erheben. Jetzt stehen die Drei gleich unter dem Bild an der Wand zusammen und wenden sich der Malerin zu.

„Hallo Tante Büchsel, wir kommen aus Rostock. Meine Enkel Claas und Greta haben mich begleitet. Wir wollen dir einen kurzen Besuch abstatten.“

Die Angesprochene mustert die drei ihr unbekannten, ihrem Verständnis nach eigentümlich angezogenen Gestalten und das hinter ihnen stehende Gefährt, mit dem sie fauchend und Funken sprühend neben ihr zum Halten gekommen sind.

„‚Tanting‘ seggen mien Fründ‘ tau mi. För Sei bün ik man ‚Fräulein Büchsel‘! Wecker sünd Sei und de lütt Kinners? Und weckerein ist dei Kutsch‘, mit de Sei tau mi kamen sünd?“

Die Malerin schüttelt den Kopf.

Claas nimmt seinen Mut zusammen und antwortet schlagfertig:

„Fräulein Büchsel, wir sind mit einer Rakete zu Ihnen geflogen und wollen sie besuchen. Wir wissen, dass Sie die berühmte Hiddensee-Malerin sind. Opa mag Ihre Bilder sehr, und, er hat gesagt, das ‚alte Malweib‘ wäre seine Freundin. Ich bin Claas und das ist meine große Schwester Greta. Opi kennen Sie ja wohl!“

„Nu, wenn hei dat seggt, mit dat von de Fründin, denn bün ick man ok ‚Tante Büchsel‘ för juch un för em ok. Kennen wir uns denn?“, richtet sie sich an den Alten.

Gretas Opa schluckt. Eigentlich wollte er seine Fragen loswerden, weshalb die Malerin trotz ihrer Besuche in München, Paris und Italien – eine richtige Reisetante – immer wieder auf die Insel zurückgekommen ist, weshalb sie unbedingt Malerin werden wollte, obwohl ihr Vater, der vermögende Tuchmacher aus Stralsund ihr ein völlig anderes und sorgenfreies Leben hätte ermöglichen können? Und ihn interessiert, wie die Hiddenseer Malweiber miteinander in Verbindung standen.

„Woher wissen Sie etwas über mich, sind wir uns schon begegnet?“

Tante Büchsel hat ins Hochdeutsche gewechselt und schaut die drei Angekommenen interessiert an.

Auch Greta und Claas blicken auf ihren Opa.

„Ich kenne Sie …, also, ich kenne Sie wirklich schon seit vielen Jahren, also, ich meine, nicht persönlich, sondern von Ihren Bildern, die mir so gut gefallen, vor allem die Kinderbildnisse … und Ihr Leben kenne ich aus dem Internet. Ich weiß jetzt gar nicht, wo ich anfangen soll, Fräulein Büchsel …“

„Aus dem *Internet*?“ Die Malerin spricht das Wort langsam und stockend nach. „Das ist ja interessant? Wat is dat nu wedder, de *Internet*, ierst de luude Kutsch un nu noch wat von *Internet*!“

„Entschuldigung dafür, dass die Rakete so laut war! Aber zu Ihrer Frage, Tantchen, bei uns kann man sich alle Ihre Bilder auf einem Bildschirm, also, ich meine so ein Spökenkikerglasbrett, ansehen, wenn man es denn möchte. So gehören Ihre Bilder eigentlich allen Menschen. Wir schreiben Ihren Namen in ein Gerät, ELISABETH BÜCHSEL, die Maschine überlegt und zeigt uns dann Ihr Werk, Fräulein Büchsel, äh, Tante Büchsel. In den schönsten Farben. Und dann können Menschen, die daran Freude haben, auch ihre Hiddensee-Zeichnungen und Gemälde anschauen und überlegen, von welchem Punkt der Insel aus Sie die Bilder gemalt haben. Ja, sie könnten – so wie wir – die Orte aufsuchen, wo Ihre Kunst entstand. Das ist auf der kleinen Insel nicht so kompliziert und für Urlauber lustig und abenteuerlich."

„Kommen die dann alle mit so einem lauten Dings auf die Insel?"

Die Malerin schüttelt den Kopf.

„Egal. Jetzt habe ich keine Zeit mehr. Dort kommt die Mutter meines Patenkindes Truding mit der Kleinen und mit ihrem Bruder. Ich habe ihnen versprochen, sie zu malen, wenn sie aus der Kirche kommen. Ihr müsst mich entschuldigen!"

Kaum ausgesprochen rammt die Malerin ihren Sonnenschirm mit der Spitze des langen Griffstabs in die Erde und stellt ihre Staffelei auf. Sie bedeutet den Ankommenden, kurz vor ihr stehenzubleiben. Ihren vierjährigen Sohn hält die Mutter an der Hand, die gerade vor einem Jahr geborene Truding trägt sie auf dem Arm.

Mit schnellen Strichen skizziert die Malerin die kleine Gruppe auf die Malpappe, um sie dann mit Ölfarben auszumalen und abzubilden. Streng wendet sie sich an Truding:

„Holl dat Mul und bliew ahn en Luut. Süss ward dat nix, un ik hür up!"

Greta blickt erschrocken auf ihren Großvater, sie hat verstanden, dass die Kleine nicht weinen soll, weil die Malerin sonst nicht weiterarbeiten und aufhören würde zu malen. Ihr Opa bedeutet ihr, sich still zu verhalten. Schweigend beobachten die drei Abenteurer das Geschehen.

Der Opa flüstert den beiden zu:

„Die Menschen haben sich gern von der Inselmalerin porträtieren lassen. Manchmal haben sie ihr für die Bilder Milch, Butter und Brot geschenkt. Und die Hiddenseer haben sie geliebt. Schließlich sind sie durch die schönen Zeichnungen und Gemälde der Malerin in Erinnerung geblieben. Sie waren stolz darauf, dass Tante Büchsel die langen Sommer über bei ihnen auf der Insel lebte. Und jetzt lasst uns die Vier nicht länger stören. Wir sollten nach Hause fliegen.“

Während die Weltenbummler sich in ihre Raumfähre zurückziehen und den Start vorbereiten, beugt sich Tante Büchsel zu ihnen hinunter in die Raketenhöhle. Weit bücken muss sie sich nicht, sie ist ziemlich klein.

„Es war schön, dass ihr mich besucht und mir berichtet habt, dass die Menschen meine Bilder mögen. Ach, und wisst ihr, ich schenke euch das eben gemalte Bild von Truding mit ihrer Mama. Seid vorsichtig damit, es ist noch ziemlich feucht, schmiert euch nicht die schönen Sachen ein. Ich werde Truding bitten, noch einmal für eine Zeit still zu halten, dann male ich ein ähnliches Bild noch einmal. Kommt gut nach Hause!“

Und schon ist sie wieder im Freien, die berühmte Inselmalerin.

Der Großvater zählt den Start herunter und die Inselbesucher fliegen in einem großen Bogen zurück … in ihre Stube. Sie landen vor dem Bild an der Wand, schlagen die Decken zurück und unterhalten sich flüsternd, als wollten sie die Malerin nicht stören, über das Erlebte.

„Opa, obwohl die Gesichter nicht ausgemalt sind, erkenne ich die Mutti mit ihren Kindern wieder. Ich glaube, sie waren stolz darauf, dass sie von Tante Büchsel gemalt wurden. Kannst du bitte das iPad einschalten? Ich möchte die Malerin besser kennenlernen."

Greta faltet die Decken zusammen und setzt sich an den Tisch.

„Ein tolles Abenteuer, Opi, hat Spaß gemacht!"

Flink schreibt sie: *Elisabeth Büchsel, Hiddensee.*

Der Bernsteinsammler von Hiddensee

Ein dramatisches Ereignis

Vitte

Bernstein wird in einigen Ländern immer wieder teuer wie Gold gehandelt. Das hat damit zu tun, dass Heilkundler und Esoteriker dem fossilen Harz von alters her heilende Kräfte zuschreiben. Der Stein würde Krankheitserreger anziehen und sie aus dem Körper herauslösen. Er galt als Mittel gegen die Pest, sollte sich positiv auf Magen und Blase auswirken, Bauchschmerzen mildern, Epilepsie bekämpfen. Andere sahen die heilende Wirkung im seelischen Bereich. Sie behaupteten, dass Bernstein Dämonen abwehren könne und als Schutz vor allerlei Bösem wirke und tragen ihn seit der Antike an Lederbändern oder an Goldketten um den Hals. Heilkundige behaupten über den Heil- und Schutzstein, dass er Menschen zum Geständnis böser Taten zwingen könne.

„Das Gold des Meeres", wie Bernstein genannt wird, wurde früher zu Spottpreisen gehandelt. Aber die Zeiten sind lange vorbei.

In China spielt der Stein eine große Rolle. Er signalisiert als Schmuck getragen Wohlstand der Trägerin und der Familie.

Auf Hiddensee finden Sammler, Einheimische und Touristen, so manchen der Harzsteine. Es gibt Menschen, die sich intensiv mit der Suche nach den ‚Tränen der Götter' beschäftigen. Semiprofessionelle Bernsteinsucher nutzen die Zeit nach Stürmen, um die emporgespülten und schwimmfähigen Steine mit einem Kescher aus dem Meer zu bergen.

Johannes aus Vitte machte das seit Jahren. Bereits als Kind hatte er die Steine gesammelt und in einem Schatzkästchen aufgehoben. Über sein langes Leben kamen diverse Bernsteine hinzu, alles in allem zweihundert Kilogramm des Meeresgoldes.

Angeregt durch den zeitweise hohen Bernstein-Preis bereitete sich Johannes darauf vor, den Schatz zu verkaufen. Heimlich trug er seine Sammlung in sein Motorboot, das im Hafen von Vitte vertäut war.

Die letzten Monate hatte Johannes genutzt, um seine Sammlung auszubauen. Er verfolgte den Plan, seinen in den Jahren gewachsenen Steinberg für viele tausend Euro an einen Berliner Juwelier zu verkaufen.

Zu jener Zeit verbreiterten Küstenschützer den Strand in Vitte. Die Pumpen des Baggerschiffes spülten gigantische Mengen Sand ans Ufer, der von Baggern verteilt wurde.

Die Arbeiter kannten Johannes. Sie wussten, dass er morgens früh mit seinen Stiefeln ins Meer watete. Niemand missgönnte ihm seinen Erfolg – seine Suche war eine regelmäßige und harte Arbeit.

An diesem Tag würde er die letzten Steine für seine Lieferung nach Berlin zusammenklauben. Eigentlich ging er aus Spaß an den Strand, eine sentimentale Abschlussrunde. Auf einen großen Fund setzte er nicht. Die Spülarbeiten vor Ort waren beendet, morgen würden die schwimmenden Bagger weiterziehen.

Langsam zog er den Kescher ein letztes Mal durch die Wellen. Anders als sonst legte er einen großen angeschwemmten Bernstein nicht in eine mitgebrachte Transportbox, sondern ließ seinen Fang im Netz. Es war ein schön leuchtender, goldgelber Harzklunker.

Johannes schulterte sein Angelnetz und strebte dem Boot im Segelhafen von Vitte zu. Dort angekommen, entleerte er den Kescher in den kleinen Laderaum neben der Motorabdeckung unter Deck. Der Bernstein fiel auf den Berg des über die Jahre zusammengetragen Schatzes.

Johannes hatte vor, sich zu duschen, umzuziehen und gegen Mittag nach Stralsund zu schippern, um die Steine in der Nähe des Hafenamtes in bereitstehende Holzkisten zu verpacken. Mit einer Spedition wollte er sie nach Berlin versenden. Er schlug die Klappe des Lastraumes zu und verschloss sie.

Dabei entging ihm, dass der letzte eingesammelte Stein, der auf den Haufen seines Schatzes gefallen war, zu qualmen begann. Sekunden später schlugen Stichflammen hoch. Die Bernsteine fingen Feuer, bis der gesamte Berg brannte.

Johannes hatte ein Stück Phosphor aus einer alten Brandbombe, das nicht selten mit Bernstein verwechselt wird, in seinem Kescher an Bord getragen.

*Die Geschichte ist entnommen: Matti Sund, Dorit Biel, Das Corona-Ende, Steffen-Verlag Berlin, 2020

Die Leiter

Eine Spökenkiekerei

Neuendorf

Danke, Herr Richter, dass Sie mir das Wort geben. Sie müssen wissen, dass wir dort, wo wir wohnen, in Neuendorf, für uns allein sind. Jedenfalls, wenn wir keine Urlauber beherbergen. Also im Winter.

Wir sind keine eingeborenen, „richtigen“ Hiddenseer, wohnen aber schon seit vielen Jahrzehnten auf der Insel. Gerade Neuendorf mögen wir sehr. Wissen Sie, dass unsere strohgedeckten Häuser mitten im fast immergrünen Rasen stehen, ohne Straßen und ohne hinderliche Bürgersteige, und dass die Türen ins Grasland führen, das lieben wir …

Hier ist vieles ursprünglich, man kann urige Fischer mit ihren alten Geschichten finden, die Netze flicken. Wir lieben den kleinen Hafen und unser pulverweißer Strand ist wohl der schönste der ganzen Insel. Auch wenn wir selber – wie viele Einheimische – kaum an den Strand gehen. … Fahren Sie mit dem Rad westlich aus dem malerischen Ort heraus, können Sie die einmalige Natur nach wenigen Metern greifen …

Ja, Herr Richter, ich mache schneller. … Aber irgendwie gehört dies alles dazu. Also jedenfalls der Rasen um unser Haus herum.

Ich hatte mir die dreiteilige Aluminiumleiter aus dem Anbau geholt, um nachzusehen, ob der verzinkte Draht im Strohdach rostet. Das muss ich erläutern, Rost kann ein zwanzig Jahre altes Strohdach arg schädigen …

Als meine Frau mich zum Abendessen hereinrief, legte ich die sperrige Leiter hinter dem Haus auf dem Rasen ab und schleppte sie, den spitzzüngigen Ermahnungen meiner Frau ausweichend, nicht wieder in den Anbau. Das hätte bis morgen Zeit.

Dann trank ich meinen obligatorischen Gin mit Tonic, wir spielten Canasta … und ich vergaß die Leiter. Doch als wir ins Bett gingen, schimpfte meine Frau mit mir.

Die blöde Leiter!

Sie deutete im Bett liegend auf das Fenster, es könne jemand einsteigen. Dabei weiß meine Frau genauso gut, wie ich selbst, dass wir oft abends die schief in den Angeln hängende knarrige Haustür nicht abschließen, jedenfalls nicht im Herbst oder Winter, ach ja, und schon überhaupt nicht, wenn die Urlauber im Sommer da sind.

Ich vergaß die Leiter einige Tage und ignorierte die mahnenden Bitten meiner Frau so gut ich konnte.

Ja, ich komme zum Punkt, Herr Richter …

Nachts wachte ich auf. Mich weckten Geräusche. Sie müssen wissen, wir schlafen im Giebel unter dem Strohdach in der ersten Etage. An der Hausseite gibt es in diesem Stock nur ein Fenster. Wir lassen es fast immer offen, nur bei starkem Frost schließen wir den Flügel. Erst dann entfernen wir die Insektenschutzgaze für einige Wochen.

Irgendetwas klapperte, Herr Richter. Ich lauschte. Es klang nach Blech, irgendwie kannte ich dieses Schaben und Einrasten.

Und dann, dann klappte etwas von außen an unser Fenster. Ich erstarrte. Also nicht richtig an unser Fenster, eher so etwas darunter. Das hörte sich an, als hätte jemand meine von mir vergessene Aluminiumleiter an die schmale Fensterrahmung aus Blech gestellt.

Im schummrigen Dämmerlicht blickte ich auf meine fiepend atmende Frau neben mir. Sie schlief fest und blies leise die Luft aus dem rechten Mundwinkel, wie sie es sich angewöhnt hat. Wenn ich sie jetzt weckte, so dachte ich, würde sie mich anknurren und den räudigen Verbrechern signalisieren, dass wir wach lagen.

Jemand stieg die Stufen der Leiter hoch. Ich hörte es Stufe für Stufe: Klack, klack, klack…

Leise schlich ich aus dem Bett auf Zehenspitzen zum Fenster.

Ja, Herr Richter, glauben Sie mir, der Schrecken griff mir ans Herz. Zwischen mir und dem Eindringling gab es jetzt nur noch die dünne und feinmaschige Insektengaze, ein mit Klettband befestigtes, flattriges Netz. Was wollte dieser Typ und stiegen vielleicht mehrere Einbrecher zu uns empor? Hätte ich bloß die Leiter weggestellt! Ich provozierte diesen Einbruch selber, Herr Richter …

Irgendetwas klapperte leise an die Leitersprossen. Klar, ein Messer, der Einbrecher würde die Gaze aufschneiden, um einzudringen, vielleicht sogar ein Feuerzeug unter das Strohdach halten, um seinen Eintritt zu erzwingen.

18 Stufen musste der Ganove emporsteigen. Ich zählte mit:

1, 2, 3 …

Ich litt Höllenqualen, glauben Sie mir. Und das, was kam, geschah aus purer Notwehr, Herr Richter.

Ich spannte den Körper an:

7, 8, 9 …

Wenn ich das Überraschungsmoment nutzte, könnte ich es schaffen: Vorspringen, laut schreien und den Mörder verjagen.

12, 13, 14 …

Ich sog die Luft ein. Scharf, aber leise. Mein schreckliches Gebrüll würde ihn in die Flucht schlagen.

15, 16, 17, 18 …

Der Mörder packte mich an der Schulter, ich schrie und schrie und schrie …

Ein Licht ging an, die Nachttischlampe meiner Frau.

Meine Frau sagte:

„Michel, du träumst und fantasierst schon seit Minuten von der Leiter im Hof, du solltest sie morgen endlich weglegen …“

Meine Frau will das so …

Schwarzer Humor

Kloster

Meine Frau will das so.

Ja, meine Frau hält das Geld zusammen und ja, sie weiß alles besser. Kaufe ich mir ein Hemd, ist es zu grün oder zu gelb, zu dick oder zu altmodisch. Bananen aus dem Supermarkt sind ihr nie reif genug. Ich wäre ein Vollpfosten … sagt meine Frau.

Ich trage Anzüge, den Schlips darf ich nur zum

Einkaufen abnehmen oder, wenn ich den Müll rausbringe.

Noch schlimmer ist es mit dem Spargeld: „Halte die Kohle zusammen. Die von dir gekauften Aktien stürzen ins Bodenlose. Du bist ein Idiot!“

Sie gesteht mir ein schmales Taschengeld zu und darf nicht wissen, dass ich meine letzte intakte Geldkarte nicht verloren, sondern versteckt habe. Mit Geld könne ich nicht. Deshalb muss ich meine Wünsche anmelden. Meine größte Anschaffung der letzten Jahre war ein altmodischer Morgenmantel aus Seide, den ich mir kaufen musste, weil ich in der Sauna, in die wir gehen – weil meine Frau Spaß daran hat – aussehen würde, wie der ‚letzte schmierige Aufwischlappen‘ …

Jetzt sehe ich in dem guten Stück wie ein seidiger schmieriger Aufwischlappen aus, sagt meine Frau.

Alkohol ist seit Jahren passé und rauchen darf ich schon lange nicht mehr. Schokolade gibt es immer nur sonntags zum Kaffeetrinken, ein kleines halbes und bitteres Stück mit achtzigprozentigem Kakaoanteil für jeden. Ekelhaft!

Nie darf ich im Fernsehen gucken, was ich will. Ich muss „Hochzeit zwischen zwei Tränen“ sehen, dazu wohlwollende Kommentare über die Kleider und Anzüge abgeben, aber nie die niedliche Figur von hübschen Bräutchen loben, sie wären alle dürr, gebotoxt und man sähe ihnen ihre Magersucht und Boshaftigkeit auf viele Meter Entfernung und sogar über die Mattscheibe an. Dabei spricht meine Frau akzentuiert immer von der Matsch-scheibe. Fußball blinkt bei mir immer nur schnell heimlich und unbeobachtet im Handy auf. Ich darf keine Fußballspiele gucken. Sie würden mich verblöden. Noch mehr verblöden!

Wir gehen nie ins Kino oder ins Theater. Mit Freunden, geschweige denn Freundinnen, darf ich nie feiern. Dafür musste ich stricken lernen, weil meine Frau von ihrer Mutter zwei Schränke voller Wolle geerbt hat. Ich trage von mir selbst gefertigte Pullover, wenn ich mal keinen Anzug anhaben muss.

Meine Frau fährt jedes Jahr mindestens drei lange Wochen allein in den Urlaub, dazu bucht sie Doppelzimmer, kleinere Räume würden ihr Angst machen, ein Urlaub mit mir Spaßbremse zöge sie herunter …

Ich darf ihr nicht ins Wort fallen, muss sie immer und überall mit dem Auto kutschieren, obwohl sie selbst einen Führerschein besitzt. Natürlich muss ich ihr die Tür aufhalten …

Ja, meine Frau hat die absolute Kontrolle über mein kleines Leben übernommen.

Aber jetzt ist sie im Urlaub, natürlich wieder im Doppelzimmer, ich glaube, mit dem Prokuristen ihrer Firma.

Ich bin allein und kann tun und lassen, was ich will.

Und ich will!

Gut, dass ich die Geldkarte noch besitze.

Ich habe mir einen sinnlosen Mahagonihocker mit Intarsien und silberner Umrandung, sündhaft teuer, gekauft. Unser Spargeld ist für einen riesigen sportlichen Einmastgaffelschoner draufgegangen, der im Hafen von Kloster vertäut liegt. Das Konto ist deutlich überzogen. Das historische und marode Schiff und seine kostspielige Überführung auf die Insel aus der Nordsee waren überteuert. Meine Frau weiß noch nicht, dass wir blank sind.

Ich wohne seit Tagen auf dem schaukelnden Schoner, ausfahren kann ich nicht, weil ich keinen Segelschein, ja nicht einmal einen Angelschein besitze. Ach, wenn mich meine Frau so sehen könnte!

Ich sitze im kitschigen seidenen Morgenmantel auf dem prolligen Edelhocker an Deck und habe dies aufgeschrieben. Fußball guckend, mit Spielen von Mannschaften, die ich nicht kenne, besoffen und verqualmt, erlaubte ich mir, unbeobachtet und von niemandem angemosert vier Tafeln süße Schokolade zu essen und anschließend mit einer mir unbekannten und schlampigen Kellnerin aus Kloster stundenlang zu vögeln, bis ich nicht mehr konnte und sie nicht mehr wollte. Das geforderte Geld für ihre ‚Aufwendungen' habe ich ihr mit doppeltem Aufschlag für ein ‚gutes Einfühlungsvermögen' gezahlt.

Jetzt, da Sie dies lesen, ist die Sonne aufgegangen.

Mein teurer und von mir als schön und nützlich empfundener Mahagonihocker liegt umgekippt an Deck …

Entschuldigung, dass gerade Sie mich finden mussten, ich hänge von eigener Hand veranlasst am Hals unter der Gaffel, und …

Grüße an meine ‚arme' und ‚liebe' Witwe!

Der ermordete Tretrollerfahrer

Eine Kriminalstory

Hotel Heiderose

Der Mord

Der Tretrollerfahrer richtete den Lichtstrahl seiner kleinen Akkuleuchte am Lenker in die Mitte der gepflasterten schmalen Straße. Gerade hatte er das Hotel ‚Heiderose' aus Neuendorf kommend in Richtung Vitte passiert und die kleinen Ferienhäuser linker Hand liegen gelassen. Jetzt würde er Schwung aufnehmen und bis in den Ort hinein mit hoher Geschwindigkeit durchrollern. Das große 28-er Vorderrad surrte über die Steine.

Regelmäßig wechselte der Rollerer sein Standbein und stieß sich jeweils immer etwa sechs bis sieben Mal mit links oder rechts ab. Er summte die wummernde Musik von Udo Lindenberg aus dem Kopfhörer mit und genoss den warmen Herbstabend. Der Rhythmus der hämmernden Beats bestimmte seine zügige Geschwindigkeit. Der Sportler liebte diese Form der aktiven Erholung und trieb sich mit dem Sound der Musik vorwärts.

Wie in einem Tretrollerkurs vor einigen Monaten gelernt, pendelte er das abstoßende Bein aus. Er fuhr über den Lenker gebeugt und richtete sich nach dem kräftigen Abstoßen jeweils auf. Konzentriert blickte er in den gelblich-weißen Lichtkreisel des kleinen Akku-Scheinwerfers vor sich auf der Erde. So bemerkte er den schmalen Schatten nicht, der am Rand der Fahrbahn aus der Dunkelheit der Büsche und Bäume an die Straße herantrat. Der kräftige Schlag des schweren Knüppels schleuderte ihn von seinem Renngefährt. Er realisierte nicht, dass er seitlich in das Gehölz gezogen wurde und dass ihm ein schwerer Stein den Hinterkopf zertrümmerte.

Aufklärung

Der Staatsanwalt stellte sein Diktiergerät auf den Terrassentisch des Hotels Heiderose und schaltete die digitale Aufzeichnung ein:

„Die Tatortbegehung mit dem Reisepartner des ermordeten Tretrollerfahrers hat keine Hinweise ergeben, die zur Aufklärung des Falles beitragen könnten. Herr T. kannte den genauen Ort des Geschehens nicht und konnte nichts Signifikantes beisteuern. Eine weitere Einbeziehung des Zeugen in die Tätersuche ist nicht weiter erforderlich."

Der Beamte blickte auf seinen Gesprächspartner, schaltete das Gerät aus und richtete sich auf:

„Ich hatte auf Ihre Aussage gehofft. Leider bringen Sie uns aber nicht weiter. Da Sie Ihren Freund zwar in den Urlaub, aber nicht bei dieser Sporttour begleiteten, war nicht zu erwarten, dass Sie uns hätten helfen können. Das bestätigten Sie damals auch der Kriminalpolizei schon. Sie können die Insel noch heute verlassen. Bitte reichen Sie Ihre Reisekosten schriftlich bei meiner Behörde ein, wir erstatten Ihre Auslagen. Ich befürchte, dass wir diesen Fall nicht lösen, neue Spuren, die uns auf eine neue Fährte bringen könnten, sehe ich nicht."

Der Staatsanwalt reichte seine Karte über den Tisch.

„Ja, das geht in Ordnung. Mir ist klar, dass Sie nach jedem dünnen Strohhalm greifen, um das schreckliche Geschehen aufzuklären. Ich bin interessiert, dass der grausige Mord gesühnt wird. Es ist viel Zeit ins Land gegangen, so dass es immer unwahrscheinlicher wird, dass Sie den fiesen Mistkerl erwischen."

Der Zeuge langte mit der linken Hand über den Tisch und griff sich die Visitenkarte des Staatsanwaltes. Dabei schob sich der Ärmel seiner Lederjacke nach oben.

„Es war in Ordnung, dass Sie mich hierher zitierten, hätte sein können, dass mir etwas einfällt, was zur Aufklärung beiträgt. Ist schließlich eine Sisyphusarbeit, die Sie leisten. Aber …"

Er zuckte die Schultern.

Der in der Eingangstür der Terrasse stehende Kellner näherte sich dem Tisch.

„Wir möchten nichts mehr, herzlichen Dank, Sie können mir bitte meine Rechnung bringen." Der Staatsanwalt sah den Kellner an, der den Kopf schüttelte.

„Ist etwas nicht in Ordnung?"

„Ja, nichts ist in Ordnung! Sie können dem Typen da Handschellen anlegen, Sie haben sich mit dem Mörder des armen Rollerfahrers unterhalten."

„Nun machen Sie halblang, junger Mann, wie kommen Sie auf diese Unterstellung?" Der Staatsanwalt fügte hinzu: „Wenn Sie keine schlüssige Erklärung haben …"

Irritiert blickte er vom Kellner auf seinen Zeugen.

„Haben Sie etwas zu erklären?"

Der Zeuge schüttelte den Kopf und fuhr den Kellner an:

„Wie kommen Sie auf einen derartigen Quatsch? Wir haben uns nie gesehen, ich war nie zuvor hier im Restaurant. Sie sollten mit Ihren wirren Behauptungen vorsichtig sein, sonst zeige ich Sie an, der Staatsanwalt sitzt mit am Tisch …"

Und lauter: „Ich lasse mich von Ihnen nicht zum Affen machen! Außerdem ist das eklig, was Sie hier betreiben, der Ermordete war mein bester Freund, Sie ausgemachter Vollpfosten. Du bist wohl zu heiß gebadet worden! Hast du einen Sockenschuss?"

Der Kellner ließ sich nicht beirren:

„Stimmt, wir haben uns nie gesehen. Ich bin am Tag nach dem Mord befragt worden, ob ich den Ermordeten kannte – schließlich ereignete sich diese schreckliche Tat nur einige wenige hundert Meter weit von hier entfernt. Ja, ich sah und sprach den Rollerfahrer – er war auf seiner Fahrt nach Neuendorf eingekehrt und leerte hier eine große Flasche Wasser. Wir unterhielten uns – über das Rollerfahren und über noch etwas anderes. Die Sportart ist so ungewöhnlich, da drängten sich Fragen auf. So gab ich es auch früher schon an."

„Da sollte der Staatsanwalt dich vielleicht genauer verhören, du bist tatverdächtig! Hast du meinen Freund ermordet, Kellner?"

Der Kellner schüttelte den Kopf:

„Mir war etwas aufgefallen."

„Und was hat der Blödsinn mit mir zu tun?" Der Zeuge schrie: „Dich sticht der Hafer!" Und noch lauter: „Dir sind wohl die Pferde durchgegangen, du Wichtigtuer!"

Der Staatsanwalt hob die Hände in Brusthöhe und drückte die nach unten gerichteten Handflächen Richtung Boden. Er mahnte zur Ruhe.

„Was ist Ihnen aufgefallen und worüber sprachen Sie noch? Jetzt haben Sie mich neugierig gemacht."

Der Staatsanwalt sah den Kellner an und hob die Hand, um dem Zeugen Einhalt zu gebieten, der sich für einen weiteren verbalen Angriff sammelte. Er beugte sich vor und schaltete sein Diktiergerät ein:

„Also?"

„Der Sportler trug ein rares Uhrensondermodell aus Stahl von Patek Philippe am Arm, eine exklusive ‚Nautilus' mit Mondphase, Gangreserve und kleiner Sekunde, zigtausende Euro wert. Übrigens die Uhr, die Sie da am Arm tragen, junger Mann."

Der Kellner ließ seine Worte einen Moment wirken. Dem fragenden Blick des Staatsanwaltes wich er nicht aus und fixierte dann den Zeugen:

„Sie finden übrigens eine Gravur des Namens Ihres Freundes auf der Rückseite. Das Teil ist so selten, dass wohl kaum zwei Uhren in kurzem zeitlichen Abstand an einem Ort auftauchen."

Anschließend erklärte er sein Fachwissen:

„Ich arbeite im Winter für ein renommiertes Auktionshaus und schätze und bewerte hochwertige und antiquarische Uhren – glauben Sie mir, das ist die

Uhr Ihres Freundes und er trug sie am Tag seines Todes am Handgelenk, als er in der Heiderose eine Pause einlegte. Wir haben damals unser Wissen über das fantastische Chronometer ausgetauscht …“

Wünschen die Herren jetzt noch einen Kaffee oder lieber etwas Stärkeres?“

Das Abenteuer von Jakob und Sophie
Ein Märchen für Groß und Klein
Zwischen Vitte und dem Schluckwieksberg

19:30 Uhr

„Sophie, Jakob, ich möchte euch etwas fragen!“

Vater Michel bittet seine fünfeinhalbjährige Tochter und seinen zehnjährigen Sohn nach dem Abendessen zurück an den Tisch. Mutter Anna schaut ihren Mann erstaunt an. Die Kinder sind zum Zähneputzen aufgestanden, gleich geht es ins Bett.

„Hättet ihr das gewusst?“ fragt der Vater. „Auf diesem Blatt der Touristinformation ist ein Rätsel abgedruckt, dass sich an Kinder richtet. Eine Frage an größere Kinder, eine an kleinere. Die Antworten müssen schon morgen bis um acht Uhr in der Bibliothek in Vitte abgegeben werden. Hier unter dem Strohdach funktioniert leider mein Internet nicht. Deshalb finde ich keine Antworten auf die zwei Fragen.“ Michel seufzt. „Wenn wir mitgemacht und gewonnen hätten, wäre der mögliche Preis eine Urlaubsverlängerung für zwei Tage gewesen! Schade!“

Sophie ist traurig: „Was hätte ich wissen müssen, Papa?“

„Nun, kleine Kinder …“

„Ich bin schon groß!“

„… kleine Kinder bis sechs sollen sagen, wie sich das Licht des Leuchtturmes in der Nacht dreht und sie sollen es in der Nacht direkt am Turm überprüfen. Natürlich mit ihren Eltern gemeinsam:

a) Drehen kräftige Männer den Turm unten auf der Erde hin und her?

b) Fährt jemand oben auf der Plattform eine Lampe mit dem Fahrrad um den Turm herum?

oder c): Befindet sich oben in der Kanzel eine automatische Anlage, die die Leuchte rotieren lässt?'

„Ro …, Ro …, was meinen die, Papa, rolatieren …?“

Jakob fasst seiner Schwester auf die Schulter und schleudert sie mit dem Drehstuhl, auf dem sie sitzt, herum, schneller und schneller:

„Sie fragen, ob ein Motor das Licht in die Himmelsrichtungen dreht …“

„Ach so.“ Sophie grinst: „Ist klar, in dem alten Turm gibt es doch keinen elektrischen Motor …“

Jakob guckt an die Decke und verdreht die Augen:

„Und die Frage für die größeren Kinder?“

Mutter Anna antwortet:

„Auch eine spannende Frage.“

„Und, wie ist die Frage?“ Jakob rutscht auf dem Stuhl herum und kippelt.

Papa Michel schüttelt den Kopf.

„Wenn man nicht vor Ort war, kann man die Frage nicht beantworten und wie gesagt, das Internet funktioniert nicht …“

„Die Frage, Papa, wie lautet das Rätsel für die Großen?“

„Sie fragen danach, was sich in Kloster an der Decke der Kirche befindet:

a) Ein Vogelnest, in dem Schleiereulen brüten?

b) Eine Verkehrsampel, die regelt, wie viele Menschen zur gleichen Zeit in die Kirche dürfen?

oder c) Ein Gemälde mit hunderten von Rosen, die vor 100 Jahren gemalt wurden. Ein Rosenhimmel?“

Sophie lacht auf: „Ein Rosenhimmel in einer Kirche. So ein Quatsch! Aber das mit der Ampel finde ich gut, wo sie jetzt alles dimitalisiemen, Papa!“

Vater Michel grinst.

„Ab ins Bett, ihr Zwei. Bis morgen bekommen wir die Fragen nicht beantwortet, wir werden also Samstag nach Hause fahren müssen.“

22:00 Uhr

„Jakob, schläfst du?“

„Ja, Sophie. Ich schlafe.“

„Das kann nicht sein, Jakob. Du hast ‚ja' gesagt. Das geht nicht."

Jakob dreht sich dem Bett seiner Schwester zu.

„Was gibt es so Wichtiges? Wir sollen schlafen, weil wir morgen bis zum ‚Klausner' nach Kloster wandern und dann mit der Kutsche nach Neuendorf zurückfahren wollen."

„Also, Jakob …"

„Ja?"

„Wir können noch gewinnen!"

„Wie soll das gehen, Sophie, ich denke schon die ganze Zeit darüber nach. Man soll die Fragen nur dann beantworten, wenn man dort gewesen ist. In der Kirche … und am Turm. Geht also nicht."

„Doch!"

„Du sollst doch nicht ‚doch' sagen, auch zu mir nicht. Schlaf jetzt!"

„Doch Jakob. Ich weiß, wie es geht."

„Da bin ich gespannt und müde bin ich auch."

Sophie springt aus dem Bett und zieht sich einen Pullover über das Nachthemd.

„Wir fahren hin und gucken nach. Jetzt! So! Kommst du mit?“

„Püppi, das sind etliche Kilometer. Wir müssen von Neuendorf durch die Heide fahren, dann durch Vitte und bis nach Kloster und anschließend bis zum Dornbusch hoch. Wir waren vor ein paar Tagen am Turm, Dummerchen. Das ist ein Tagesausflug. Außerdem, was ist, wenn wir erwischt werden? Und Mama und Papa …“

„… schlafen, genau. Ich hab` mitgekriegt, dass sie ins Bett gegangen sind und … hörst du nicht, wie Papa schnarcht?“

„Kann keiner überhören.“

Jakob zieht seine kurze Hose und einen Hoodie an. Er greift sich den Fahrradhelm und gibt Sophie ihren Kopfschutz. Dann schreibt Jakob einen kurzen Brief, den er auf sein Bett legt.

„Wir sind am Leuchtturm und in der Kirche. Und wir haben Helme auf. Es ist Vollmond und hell. Wir sind forsichtich. Und wir rasen nich. Morgen früh sind wir wider hir. Ihr müsst keine Ankst nicht haben. Ich pass‘ auf Sophiechen auf. Euer großer Sohn Jakob!“

Jakob nickt zufrieden und zieht Sophie auf die Treppe.

„Geh`, Kleine!“

Sophie zischt:

„Ich bin nicht klein ... und außerdem bald sechs!“

22:15 Uhr

Die beiden Kinder schieben ihre Fahrräder auf den mondbeschienenen Sandweg Richtung Vitte. Sophie geht mutig voran und Jakob folgt ihr. Als sie einige Meter vom Haus weg sind, fahren sie Richtung Spielplatz zum Ortsausgang und dann aus Neuendorf hinaus.

Sophie fährt langsamer, als sie den dunklen Küstenwald vor sich aufwachsen sieht.

„Jetzt könnte uns jemand beschützen, Jakob? Ob es hier Wölfe gibt?“

Leise hört sie Jakob wispern:

„Hier gibt es keine Wölfe. Und die meisten Tiere schlafen schon.“

„Ein Glück Jakob, danke, dass du mir geantwortet hast.“

Jakob sagt:

„Von mir kam nichts. Ich habe das auch gehört."

„Jakob, lass den Spaß!"

„Ich war das, ein Strix aluco, ein Waldkauz. Siehst du mich Sophie, ich fliege vor dir."

„Ein Waldkauz? Du kannst sprechen? Oder warst du das Jakob?"

„Kuwitt, kuwitt, komm mit, komm mit! Natürlich war das nicht dein Bruder, stimmt`s Jakob?"

„Nein, ich bin selber überrascht!"

„Wo wollt ihr hin, Kinder, so ganz allein, kuwitt?"

„Wir müssen unbedingt zum Leuchtturm und etwas erforschen!"

„Ich kann euch begleiten und beschützen. Aber nur bis nach Vitte. Weiter fliege ich nicht. Also folgt mir.

Kuwitt, stippistappistippe, kommt mit mir nach Vitte!"

„Vielleicht müssen wir nicht zum Leuchtturm. Weißt du, Waldkauz, wie sich das Licht im Turm dreht und was sich in Kloster an der Decke der Kirche befindet?"

„Ja, ich weiß es, es dreht sich einfach so herum. Und in der Kirche war ich oft, aber, wenn ich da bin, ist es dort immer so … dunkel."

Und schon dreht sich der Vogel von den Kindern ab, um ihnen den Weg nach Vitte zu zeigen. Kräftig schwingen seine Flügel auf und nieder.

„Siehst du Jakob, das geht besser als gedacht!"

Sophie tritt in die Pedale und fährt dem Vogel hinterher.

Zügig sind die Kinder an der ‚Heiderose' vorbei, weiter geht es ‚volle Pulle' nach Vitte. Sie folgen den Käuzchenrufen:

„Kuwitt, kommt mit! Stippistappistippe, gleich sind wir in Vitte!"

Auf der Deichkrone vor der Einfahrt nach Vitte flattert die kleine Eule auf die Lehne einer Bank. Völlig außer Atem, piepst der Vogel:

„Von hier müsst ihr allein weiterkommen. Aber, ich habe meinen Freund, den mutigen Igel, informiert. Hundert Meter weiter rechts entlang und immer auf dem Deich in Richtung Hafen, trefft ihr das Igelchen. Er bringt euch sicher am Ort vorbei. Freunde müssen sich helfen. So müsst ihr keine Angst haben, denn

Angst ist ein schlechter Ratgeber, sagt der Inseluhu immer in der Vogelschule. Macht`s gut Kinder.

Stippistappistibbe, kuwitt, jetzt seid ihr in Vitte."

Die Kinder bedanken sich und Sophie streichelt dem Waldkauz sanft über das weiche Gefieder.

Nach wenigen Metern treffen die Kinder auf den Igel:

„Nuffnuffnuff, ihr wollt nach Kloster ruff?"

Die Kinder grüßen freundlich, weil Kinder immer freundlich grüßen sollen:

„Guten Tag, Herr Igel, weißt du, wo wir hinmüssen?"

„Nuffnuffnuff, ihr wollt nach Kloster ruff!"

Mehr sagt der Igel nicht, er dreht sich um und läuft mit schnellen tapsigen Schritten vor den Kindern auf dem Seedeich voran.

„Ich bringe euch bis nach Kloster in den Hafen, nuffnuff, nach Kloster ruff! Folgt mir und habt keine Angst. Die Ratten fürchten meine Stachel und die Füchse hier auf der Insel sind meine besten Freunde."

Jakob ruft leise: „Stopp, Igelchen, wir haben Fragen. Vielleicht müssen wir nicht zum Leuchtturm. Weißt du, Igelchen, wie sich das Licht im Turm dreht und was sich in Kloster an der Decke der Kirche befindet?“

„Na klar, nuffnuff. Das Licht dreht sich, weil, weil … die Menschen es so eingerichtet haben, nuffnuff, und in der Kirche an der Decke, also, an der Decke … da bin ich noch nie gewesen, weil mir das zu hoch ist. Nuffnuff! Habt ihr schon mal einen Igel an der Decke gesehen? Jetzt aber voran. Nur wer mutig ist, kann seine Aufgaben lösen. Und man muss losmachen, wer nichts macht, schläft in der Nacht. Nuffnuff!“

Und weiter geht`s auf dem Deich, durch den Vitter Hafen, um den runden Bogen der Bucht zwischen Vitte und Kloster herum und am Segelhafen von Kloster vorbei bis hinein in den Hafen.

Die Kinder merken, dass sie mit ihren Freunden schnell vorankommen. So kann es weiter gehen.

An einer dicken Kastanie, gegenüber dem Hotel Hitthim und direkt im Hafen von Kloster macht der Igel eine Vollbremsung. Dazu reckt er die Vorderfüßchen in die Luft und setzt sich quietschend auf sein dickes Hinterteil. Er sieht seine Menschenfreunde Sophie und Jakob an:

„Nuffnuffnuff, ich bracht` euch nach Kloster ruff!“

Dann dreht er sich um, greift mit der linken Pfote hinter die Kastanie und zieht eine ausgewachsene Füchsin, eine Fuchsfähe, am linken rotweißen Ohr hinter dem Baum hervor. Stolz reckt sie ihren puscheligen Schwanz mit der silberhellen Spitze in die Luft, so dass der Mond, der über das Wasser scheint, die Schwanzspitze aufleuchten lässt.

„Das ist meine Fuchsfreundin, Frau Rotreineke. Sie wird euch weiterbringen. Stimmt`s meine Liebe?"

Die Füchsin keckert:

„Vom Fleck weg, vom Fleck weg bring` ich euch zum Schluckswieksberg, zum Schluckwieksberg! Denn dort steht der Turm!"

Die Füchsin dreht sich um und läuft in Richtung Leuchtturm.

Jakob ruft: „Stopp, Füchschen, wir haben Fragen. Vielleicht müssen wir nicht zum Leuchtturm. Weißt du, Füchschen, wie sich das Licht im Turm dreht und was sich in Kloster an der Decke der Kirche befindet?"

„Ach, macht der Turm ein Licht? Ich sah`s noch nicht? Vom Fleck weg, vom Fleck weg, fang ich dort die Mäuse weg … und die sind auf der Erde, also seh` ich niemals nicht ein schrecklich helles Leuchtturmlicht. Und an der Decke der Kirche sind, sind … die Schatten vom Leuchtturmlicht, was anderes sah` ich nicht."

Sagt`s und läuft voran.

Sophie bleibt nur, dem Igelchen Danke zu sagen:

„Danke, lieber Igel, dass du uns geholfen hast!"

„Ist der Weg auch noch so weit, leichter geht er sich zu zweit! Nimm immer gute Freunde mit, noch leichter geht es sich zu dritt! Und jetzt nuffnuff, steigt den Leuchtturmweg zum Leuchtturm ruff!"

Schon ist das Igelchen verschwunden.

Die Kinder schließen sich der Fuchsfähe an und folgen ihr in rasanter Fahrt, denn eine Füchsin kann schnell rennen.

23:15 Uhr

Gerade haben die Kinder den Großen Inselblick erreicht. Der Große Inselblick heißt Großer Inselblick, weil man einen großen Blick über die Insel nehmen kann. Man schaut über die Heidewiesen und über Vitte hinweg bis nach Neuendorf.

„Dahinten kommen wir her."

Jakob hat seiner kleinen Schwester auf die Lehne einer Bank geholfen, damit sie über die Sträucher und Büsche hinwegsehen kann. Behutsam stützt der Junge die Kleine ab. Schließlich muss er auf sie aufpassen. Große Geschwister müssen immer auf die kleineren achten.

„Dahinten schlafen Mama und Papa. Ob Papa schnarcht?“

„Hauptsache, sie werden nicht wach und suchen uns.“

Sophie schüttelt sich, es ist kühl geworden und sie ist soooo müde …

„Ich habe ihnen einen Brief geschrieben. Sie müssen sich nicht beunruhigen. Schade, dass sie nicht wissen, wie viele gute Freunde uns helfen.“

„Genau Jakob, und guck`, die Füchsin schlägt den Schwanz auf die Erde, wir sollen kommen, bald sind wir am Turm.“

„Fahre vorsichtig, Sophie, hier wird der Weg holprig, es ist dunkel und, du kannst dich erinnern, Mama sagt immer, man darf mit dem Rad nicht rasen!“

„Ja, und ich weiß, dass wir zum Turm nicht mit dem Fahrrad hochfahren dürfen. Wir müssen es an der Fahrradparkstation stehen lassen. Ein Schild macht darauf aufmerksam, dass das ‚Fahren durch den Nationalpark hier verboten ist‘. Und wenn etwas verboten ist, darf man es nicht machen."

Sophie ist stolz, dass sie sich gemerkt hat, was ihr Papa Michel vor ein paar Tagen erklärt hat.

„Wir schaffen das schon, Püppi, ich bin bei dir!"

Jakob schiebt seine Schwester auf dem Rad an und auf geht es, gleich sind die Kinder da.

00:00 Uhr

Geschafft. Gerade hat sich die Füchsin verabschiedet. Das helle Turmlicht, das immer wieder für wenige Sekunden über die drei hinwegschwenkt, ist ihr zu hell. Sie hat ein flinkes Mäuschen entdeckt und muss es jagen. Rennen macht hungrig! Und ein Mäuschen schmeckt so lecker …

Sophie weiß, dass Tiere andere Tiere fressen. So ist das in der Natur.

„Danke Frau Fuchs, du warst uns eine große Hilfe!"

Jakob winkt Frau Rotreineke hinterher.

Sophie geht um den Turm herum.

„Jakob, hier unten dreht niemand den Turm …

und ich glaube nicht, dass Radfahrer es um die Kuppel bewegen, das Licht ist viel zu schnell."

Jakob schüttelt den Kopf. Er rüttelt an der Leuchtturmtür.

„Hoch kommen wir nicht, Sophie, der Turm ist verschlossen."

„Ja, ich weiß, ich wollte die Tür schon öffnen. Aber ich dürfte sowieso nicht mit hoch, Kinder bis sechs müssen unten bleiben. Dabei bin ich schon so groß. Aber das ist eine Regel. Und Regeln muss man achten!"

„Und jetzt?"

„Lass mich machen, Jakob, lass mich machen!"

Sophie formt die Hände vor dem Mund zu einem Trichter, wartet, bis der helle Lichtstrahl wieder vorbeikommt und ruft dann:

„Hallo liebes Leuchtturmlicht, wir beide wissen etwas nicht!"

Das Licht schwenkt um den Turm herum. Gleich ist es wieder da. Es ruckelt im Turm, es knackt und das Licht bleibt vor den Kindern stehen. Der Strahl senkt sich langsam vor ihnen auf die Erde.

„Was wollt ihr Zwei? Kann ich euch helfen? Helfen ist meine Aufgabe, ich helfe den Schiffen auf hoher See, den Weg in den Hafen oder an der Insel Hiddensee vorbei zu finden. Es ist richtig, dass ihr fragt, wenn man etwas nicht weiß, muss man fragen. Also bitte!“

Sophie, die im hellen Lichtkegel steht, grinst ihrem Bruder zu. Das soll wohl heißen: „Siehste!“

Dann fasst sich Sophie ein Herz und fragt den Turm.

„Dein strahlendes Licht dreht sich immer um deine Spitze herum. Wie funktioniert das?“

Sophie wiederholt die Fragen, die sie sich eingeprägt hat:

„a) Drehen kräftige Männer den Turm unten auf der Erde hin und her?“ – „Ich glaube nein!“

„b) Fährt jemand oben auf der Plattform eine Lampe mit dem Fahrrad um den Turm herum?“ „Ich glaube, auch das stimmt nicht!“

oder c) „Befindet sich oben in der Kanzel eine automatische Anlage, die die Leuchte romatatieren lässt?“ „Ich glaube, das ist richtig!“

Der Turm beginnt zu lachen, dass die Stahltür klappert:

„Das müssten große und dicke, starke Männer sein. Hahaha, hoho! Und mit dem Fahrrad wären die Radler viele Kilometer und rasend schnell auf der Empore unterwegs! Hahaha, hoho. Nein, Sophie, du hast Recht, in 27,5 Metern Höhe strahlt eine starke Halogenmetalldampflampe das See- und Warnfeuer aus, wobei durch das automatische Drehen einer Verdunklung die sogenannte Leuchtturmkennung von 10 Sekunden erzeugt wird."

Sophie guckt ungläubig.

„Ja, Sophie, ich erkläre es dir. Das Drehen des Leuchtturmblitzes ist so eingestellt, dass an jeder Stelle dieser Drehung der Turm 0,8 Sekunden hell leuchtet. Dann ist es 9,2 Sekunden wieder dunkel, bevor das Licht wieder herum ist. Kapitäne, die das Licht sehen, stoppen die Zeit. Und weil jeder Leuchtturm der Welt diese Blitze unterschiedlich lange ausstrahlt, wissen die Kapitäne, wo sie sich befinden, wenn sie das Licht 0,8 Sekunden gesehen haben. Natürlich verfügen die Seeleute über eine Tabelle mit den Signalzeiten. Das kann dann nur unser Dornbuschleuchtturm von Hiddensee auf dem Schluckwieksberg sein … Habt ihr das verstanden?"

„Dann ist doch Antwort c richtig?"

Jakob fragt noch einmal nach, ob er den Turm

verstanden hat. Sophie flüstert:

„Doch sagt man doch nicht!"

„Ja, natürlich – genau richtig!"

„Und was wollt ihr noch wissen?"

Sophie schubst Jakob weiter zum Lichtstrahl und gibt ihm zu verstehen, dass er antworten soll.

„Wir müssen wissen, was sich an der Kirchendecke in Kloster befindet:

a) Ein Vogelnest, in dem Schleiereulen brüten?

b) Eine Verkehrsampel, die regelt, wie viele Menschen zur gleichen Zeit in die Kirche dürfen?

oder c) Ein Gemälde mit hunderten Rosen, die schon vor 100 Jahren gemalt wurden. Ein Rosenhimmel?"

Der Turm schwankt ein wenig von rechts nach links, was für Leuchttürme bedeutet, dass sie etwas nicht wissen.

„Nein, da kann ich euch nicht helfen. Mein Lichtstrahl wandert zwar in jeder Nacht über die Kirche, aber an die Decke habe ich noch nie geschaut."

Die Kinder bedanken sich, weil sie wissen, dass

man sich bedanken soll, wenn jemand geholfen hat. Dann rennen sie zu ihren Fahrrädern, um zur Kirche zu fahren. Sie setzen die Helme auf und radeln los, als Sophie aufschreit:

„Halt, Jakob, ich habe einen Platten."

Sophie beginnt zu weinen. Das hört Frau Rotreineke, die sich noch in der Nähe aufhält.

„Ich kann euch helfen Kinder, aber erschreckt nicht. Man muss helfen, wenn man erkennt, dass jemand nicht weiterweiß."

Gesagt, getan.

Die Füchsin verschwindet für wenige Minuten und kommt dann mit einem großen Gefolge zurück. Eine dicke Wildschweinbache läuft ihr mit sieben niedlichen gestreiften Ferkeln hinterher.

„Nutschnauf, packt mir das Fahrrad hinten rauf, zur Kirche geht's in schnellem Lauf. Nutschnauf, nutschnauf! Packt's rauf!"

Jakob ruft leise: „Stopp, Frau Sau, wir haben eine Frage. Vielleicht müssen wir nicht zur Kirche. Weißt du, Frau Sau, was sich in Kloster an der Decke der Kirche befindet?"

Jakob wiederholt die Fragen:

„a) Ein Vogelnest, in dem Schleiereulen brüten?

b) Eine Verkehrsampel, die regelt, wie viele Menschen zur gleichen Zeit in die Kirche dürfen?

oder c) Ein Gemälde mit hunderten Rosen, die schon vor 100 Jahren gemalt wurden. Ein Rosenhimmel?“

Die Schweinebache schüttelt den Kopf und trabt los.

„In der Kirche bin ich noch nie gewesen. Schweine gehen nicht zur Kirche!“

Sophie schwingt sich auf den Gepäckträger von Jakobs Fahrrad.

Jakob lacht und nutzt den Spruch von Frau Sau:

„Nutschnauf, nutschnauf, spring` auf mein Fahrrad mit hinauf!“

Schnell tritt der Junge in die Pedale, um der Schweinetruppe zu folgen.

Wenige Minuten später staunen die Kinder in der Kirche.

„Siehst du die Rosen Sophie. Es sind Rosen. Jetzt haben wir unsere Antworten.“

Sophie strahlt ihren Bruder an:

„Das hab` ich gleich gesagt!“

01:00 Uhr

Da stehen sie, die müden Kinder. Zwar wissen sie alle Antworten, aber sie sind allein. Der Waldkauz, das Igelchen, Frau Rotreineke und Frau Sau haben sich lange verabschiedet. Sophies Fahrrad hat einen Platten und Neuendorf ist viele Kilometer entfernt.

Sophie beginnt zu weinen.

Jakob überlegt. *Man muss immer gut nachdenken, wenn man nicht weiterweiß oder man muss jemanden fragen!*

Ja, man muss jemanden fragen!

Breitbeinig stellt er sich in den hügeligen Sandweg vor der Kirche. Gestern standen an dieser Stelle noch sechs große und zwei kleine Kutschen für die Inselgäste. Ein Kutscher hielt einen Vortrag.

Jakob blickt nach rechts. Schnell bewegt sich der Lichtstrahl des Leuchtturms auf die Kinder zu. Jakob springt in die Luft und reißt die Arme hoch. Dann ruft er:

„Stopp, lieber Turm, wir brauchen deine Hilfe. Ich habe noch eine Frage!“

Der Lichtstrahl bleibt zitternd vor dem Jungen stehen.

„Wie kann ich euch denn noch helfen, ihr zwei kleinen Quälgeister?“

Die Turmstimme klingt jetzt genervt:

„Draußen in der Ostsee sind etliche Schiffe auf dem Weg. Sie wollen um Hiddensee herumfahren. Wenn sie mich nicht sehen, könnten sie in Gefahr geraten.“

Jakob nimmt seinen Mut zusammen:

„Wir müssen nach Neuendorf, lieber Turm, kannst du uns nicht mitnehmen?“

Der Turm lacht auf:

„Das ist natürlich kein Problem, es passiert fast im Vorbeigehen. Passt auf, alle 9,2 Sekunden bin ich wieder bei euch. Beim ersten Mal ladet ihr Jakobs Rad auf, beim zweiten Mal das von Sophie, beim dritten Mal kletterst du schnell hinauf, Püppi, und dann ganz zum Schluss springst du auf den Strahl, Jakob. Verstanden? Alle 9,2 Sekunden bin ich da und ihr müsst immer schnell machen.“

Die Kinder nicken. Was für ein Abenteuer. Sie wissen, dass sie sich beeilen müssen. Als Jakob als Letzter auf den Strahl springen will, rutscht er auf dem glatten Licht aus. Aber keine Sorge, nichts passiert, Sophie hat ihn festgehalten. Schließlich muss man in Gefahrensituationen achtsam sein und genau gucken, was man tut.

Vor dem strohgedeckten Haus in Neuendorf springen die Kinder in umgekehrter Reihenfolge vom Lichtstrahl. Als die Fahrräder beim Abladen leise gegeneinander klappern, guckt Papa Michel aus dem Fenster.

„Ich dachte, ich hätte etwas gehört, aber hier leuchtet nur das Leuchtturmlicht irgendwie etwas heller als sonst, das hat mich wohl wach gemacht."

Kaum hat er dies vor sich hingemurmelt, liegt er wieder im Bett und schnarcht, dass die Kinder es bis auf den Rasen vor dem Haus hören.

Die beiden lächeln sich an. Jakob streichelt über den nächsten Lichtstrahl des Turms und bedankt sich:

„Danke, lieber Turm, du hast uns sehr geholfen."

Er stellt seine Smartwatch auf eine Weckzeit von 6:30 Uhr ein, so können sie es beide noch schaffen, ihre Rätselantwort nach Vitte in die Bibliothek zu bringen.

Sie wissen, wie sich das Turmlicht dreht und sie haben die Rosen an der Kirchendecke gesehen.

„Morgen, gleich morgen Früh bringen wir unsere Rätselantworten nach Vitte in die Bibliothek, jetzt bin ich so müde, Sophie, so müde…"

Aber, Sophie ist schon längst nach oben verschwunden und schläft.

Jakob murmelt:

„Gute Nacht, liebes Leuchtturmlicht, liebes Waldkäuzchen, liebe Frau Igel und liebe Frau Reineke und Gute Nacht, liebe Frau Sau, ihr habt uns alle sehr geholfen! Wenn ihr mal Hilfe braucht, meldet euch bei Sophie und mir, gern sind wir für euch da."

Dann huscht Jakob in sein Bett und lauscht einen Moment auf das Schnarchen von Papa Michel. Eine bessere Einschlafmusik gibt es nämlich nicht, obwohl Mama Anna immer etwas anderes behauptet.

Ob die Kinder beim Preisausschreiben gewonnen haben?

Ist das so wichtig? Man muss nicht immer gewinnen.

Aber die Kinder haben zusammengehalten. Das war wichtig!

Abschied von Hiddensee

Inselurlaub IV

Vitte

Das Typhongebrüll der MS Gellen schwillt in Vitte kurz aber lautstark an. Das Motorschiff läuft in den Hafen ein und vollzieht ein kühn erscheinendes Anlegemanöver. Die das Schiffchen verfolgenden Möwen drehen ab. Der Festmacher vertäut die kleine Fähre mit wenigen Handgriffen an der Pier. Er legt die Gangway an.

Unten vor dem Schiff stellen die letzten Ankommenden ihre Handwagen ab und entladen die schweren Koffer.

„Hast du Steine eingeladen, lauter Hühnergötter und Muscheln, oder sind das der Goldschatz und mehrere Kilo Bernstein?“

Der Vater schüttelt den Kopf.

Die aufgereihten Urlauber schieben sich in der Schlange näher auf das Schiff zu, jetzt, wo sie sehen, wo die Landgangsstiege an Bord führt. Hinter ihnen reihen sich Abreisende ein, die mit einer Kutsche zum Hafen gefahren sind. Die meisten tuscheln, begrüßen andere Reisende, die sie bei der Ankunft oder während des Urlaubs kennengelernt haben.

„Na, geht`s wieder nach Hause? Hat euch wohl nicht gefallen hier oder ist die Kohle alle?“ …

„Habt ihr es nicht mehr ausgehalten?“ …

„Passt auf eure Oma auf, sonst fällt die wieder ins Wasser!“

Einige zeigen sich ihre Inselbräune:

„Hier wird man anders braun. So leicht rötlich, das machen bestimmt das Salz und der Wind.“

„Oh, du hattest wohl einen Sonnenbrand, deine

Nase pellt sich wie eine Kartoffel."

„Habt ihr Sanddorntorte probiert und in Neuendorf leckere Brötchen mit Räucherfisch gegessen?"

„Mmmmmh, Fischbrötchen, ich könnte schon wieder."

„Und gab es ‚Mokka und Zubeiß`, wie man hier früher sagte?"

„Wart ihr oben auf dem Gellen? Dort, wo es nicht weiter geht? Ist das nicht schön da?"

„Klar waren wir dort, dreimal in den paar Tagen. Da ist der beste Platz zum Baden auf der Insel, gleich beim Quermarkenfeuer nach links weg, kein Mensch da und ich glaube, das Wasser ist dort irgendwie klarer und wärmer."

„Hast du gehört, ‚beim Quermarkenfeuer', ein Fachmann mit Inselkursus, meinst du den kleinen rot-weißen Leuchtturm?" …

„Klar meint er den, er weiß nur besser Bescheid als du, Hans!"

„Denk mal nicht. Mit Leuchttürmen kenne ich mich aus:

‚Nehmen wir das Leuchtturmlicht.

Mal ist es an, dann wieder nicht.

Schiffe warnt es – Land in Sicht –

Mal wieder ja, dann wieder nicht!

Hähä!' … !"

„Ja Hans, du bist der Größte, wie immer … mal wieder ja, dann wieder nicht!"

Langsam schiebt sich die kleine Menschenschlange vorwärts, erste Gäste klettern an Bord. Sie haben Mühe, die Tickets mit Barcode abscannen zu lassen, die schweren Pedelecs mit über die Gangway zu zerren, gleichzeitig den Rollenkoffer vorwärts zu bewegen und darauf zu achten, dass niemand aus der Familie ins Wasser rutscht. Gelassen stehen die Urlauber, die vom Quermarkenfeuer erzählten, im Hintergrund. Sie beabsichtigen, ganz zuletzt entspannt an Bord zu gehen:

„Wir haben vor dem Leuchtturm gestanden, als ein Familienvater seiner Rasselbande erklärte, sie stünden gerade mitten in der Natur und ob sie auch den Specht hörten, der unermüdlich klopfte, um seinen Küken Würmer zu suchen."

„Und, habt ihr den Vogel auch gesehen?"

„Nein, seine Frau klärte die anderen auf. Sie

zeigte auf einen hölzernen Schlüsselanhänger, der an einem Fahrradkorb hing und im Wind immer wieder an den schweren Holzbügel des Korbs schlug. ‚Seht ihr Kinder, wie Papas Specht arbeitet?'"

Die Urlauber lachen leise und bewegen sich jetzt ebenfalls in Richtung Gangway.

„Morgen muss ich wieder zur Arbeit. Grausam!"

„Komm, sprich nicht darüber, guck dich lieber nochmal um, wir sind erst in einem Jahr wieder hier. Wir haben schon gebucht!"

Die Urlauberin seufzt:

„Fast ein Jahr, aber ich freue mich schon jetzt wieder auf die Insel!"

„Ja, wir auch, wir sehen uns!"

Langsam schieben sich die letzten Inselgäste dieses Durchgangs an Bord.

Die Schiffssirene ruft die Crew zum Ablegemanöver. Wenig später, schon mit Kurs auf die größere Inselschwester Rügen, signalisiert ein dreimaliges lautes Röhren des Typhons endgültig das Urlaubsende.

Und nächstes Jahr sind alle Gäste wieder da.

Man muss einfach wiederkommen!

Quellen und Literatur (Auswahl)

Apelt, Andreas, H., Klauss, Cornelia, Hiddensee – Die Insel der anderen. Geschichten von Zeitzeugen, mdv Mitteldeutscher Verlag, Halle, 2012

Apelt, Andreas., H., Pump, Günter, Hiddensee. 99 Besonderheiten der Insel, mdv Mitteldeutscher Verlag, Halle, 2017

Arendt, Andreas (Hg.), Hiddensee. Bilder und Texte von damals, Demmler Verlag, Schwerin, 2007

Baade, Michael, Stock, Wolf-Dietmar, Hiddensee. Insel der Fischer, Maler und Poeten, Verlag Atelier im Bauernhaus, Fischerhude, 2011

Blase, Karin, Hiddensee. A-Z, Demmler Verlag, Schwerin, 1994

Blindow, Irmgard u.a., Pflanzen auf Hiddensee. Die große Vielfalt der Flora auf der kleinen Ostseeinsel, Hiddensee-Reihe, Bd. 3, Insel Information Hiddensee, 2010

Draesner, Ulrike, Mein Hiddensee, mare, Hamburg, 2015

Faust, Manfred, Das Capri von Pommern. Geschichte der Insel Hiddensee von den Anfängen bis 1990, Ingo Koch Verlag Rostock, 2001

Grümbke, Johann Jacob, Streifzüge durch das Rügenland, F. A. Brockhaus, Leipzig, 1988

Gustavs, Arnold, Die Insel Hiddensee. Ein Heimatbuch, Carl Hinstorff Verlag, Rostock, 1952

Heimatmuseum Hiddensee (Hg.), Hiddenseer Zeitung. Anekdoten & Episoden aus der Vergangenheit, Hiddensee, 2010

Lehmann, Heinz (Hg.), Rügen. Sagen und Geschichten, Demmler-Verlag, Schwerin, 1990

Leistner, Jana, Mauve, Viola und Karl-Heinz, Clara Haeckermann und das Hotel Hitthim in Kloster auf Hiddensee, Druck- und Verlagshaus Kruse, Stralsund, 2021

Magas, Marion (Hg.), Ein Jahrhundert Inselphotographie. Gesichter, Geschichten, Geschichte. Hiddenseebilder von Max Ebel, Ilse Ebel & Maya Löffler, o. O, 2012

Nestmann, Rico, Naturführer. Rügen und Hiddensee. Tiere-Pflanzen-Schutzgebiete, Wacholtz Verlag, Kiel/Hamburg, 2016

Rapp, Angela, Kasten, Dorina, Hundertmal Büchsel. Das Kulturhistorische Museum Stralsund stellt vor: Leben und Werk der Malerin Elisabeth Büchsel, Kulturhistorisches Museum der Hansestadt Stralsund, Stralsund, 2014

Rügendruck Putbus (Hg.), Hiddensee. Das Inselmagazin, Rügendruck, Putbus, 2022

Schlieker, Egon, Hiddensee – Die Insel und ihre Fischer. Zur Fischereigeschichte von Hiddensee, Hiddensee-Reihe. Bd. 1, Insel Information Hiddensee, 2009

Schmidt, Konrad, Entdeckungen auf Rügen und Hiddensee, F.A. Brockhaus Verlag, Leipzig, 1978

Teschke, Holger, Gebrauchsanweisung für Rügen und Hiddensee, Piper Taschenbuch, München, 2013

Teschke, Holger, Rügen und Hiddensee, Hoffmann und Campe, Hamburg, 2009

Wilbrandt, Adolf, Hiddensee, Verlag Jena 1800, Berlin 2009

Wolff, Margot, Aus meiner Kinder- und Jugendzeit auf Hiddensee. 1944-1957, o.O., 2008

Wurst, Werner, Die Insel Hiddensee, F.A. Brockhaus Verlag, Leipzig, 1973

Danksagung

Dieses Buch war nicht geplant. Vor dem Hintergrund der letzten drei Bücher in den vergangenen zwei Jahren sollten zwei Hiddensee-Urlaube 2022 dem Krafttanken dienen, was in den letzten 45 Jahren gut funktionierte. Und dann begeisterte die Insel mich, so sehr, dass aus den freien Tagen eine schöne Schreibzeit wurde. Die Touren über die Insel, die Recherchen und Beobachtungen brachten mir die Insel noch einmal näher.

Jeden Abend hörte sich Karin geduldig die kleinen Erzählungen an, kritisierte, lobte, schlug andere Formulierungen und Happy Ends vor und motivierte. In das Buch floss Teamgeist ein! Ich danke dir dafür, mein Schatz!

Angesichts der umfangreichen Hiddensee-Literatur suchten wir frühzeitig den Kontakt zur neuen Buchhändlerin der „Koralle“ in Vitte, zu Susanne Sultan. Sie lauschte gern in die Geschichten hinein, beriet hinsichtlich der Zielgruppen, der Gestaltung und des Auftritts des Büchleins, immer vor dem Gesichtspunkt, es später mit gutem Gefühl anpreisen zu können. Herzlichen Dank dafür, liebe Frau Sultan, so ist es „unser“ Buch geworden!

Als ich meinen Kindern und Freunden das Manuskript des Büchleins zum Lesen gab, bewegte mich zwar die Frage, wie sie mit meinen Texten zurecht kämen, ob sie Spaß beim Lesen hätten, welche der Geschichten ihnen am besten gefiele, vor allem aber ging es mir darum, dass sie Hiddensee erkennen oder neu erkennen würden. Auch wenn ich keinen Reiseführer schrieb, sollten die Insel und Menschen auf dem Eiland wiederzufinden sein.

Meine Enkel Johan und Helena lauschten dem Leuchtturm-Märchen und gaben es begeistert frei. „Spannend Opi, und witzig, Tiere, die sprechen können!“

Jenny und Tobi, H. D. Schulz, Birger, Achim, Gerda, Thomas und Andy – ihr wart mir gute Ratgeber und interessierte Ratgeberinnen!

Gerda, ich hab` kein Problem damit, erst Kritik und dann viel wohlmeinendes Feedback zu erfahren. So helfen Freunde, ehrlich und differenziert und das so, wie man es gerade eben gefühlt hat. Nur das hilft wirklich.

Nein, mein lieber H. D. Schulz, ich verurteile IT nicht – da ist so viel Gutes zu erwarten – aber wir müssen wach bleiben!

Sie sind der Wissenschaftler und Logiker unter meinen Begleitern und ja, da gab es ein, zwei Texte, die Sie akzeptierten aber nicht so mochten. Zum Glück waren genau das die Lieblingsstellen anderer TestleserInnen. Also, zusammengenommen, eine breite Zielgruppe erreicht, alles richtig gemacht – zum Nachdenken herausgefordert, wie im Vorwort beschrieben!

Achim, du machst knappe Ansagen – aber auf den Punkt. Und wenn der langjährige Verleger schreibt, „das wird sich gut verkaufen", glaube ich dir mehr, als jedem anderen.

Birger, als du schriebst, dass dir das Lesen größtes Vergnügen bereitete, wusste ich, dass du es genau so empfunden hast – schließlich schmökertest du so schnell, dass es dich gefesselt haben musste. Du attestiertest etlichen Geschichten eine „erhebliche Spannung" und eine „unerwartete (späte) Auflösung" und lobtest das. Du kannst mir glauben, das war so gewollt!

Ja, Thomas, meine Windschutzstory war ein kleines Experiment, nur im Dialog geschrieben. Und dass mir dabei die Textgeber durcheinandergerieten, hast nur du bemerkt. Hättest du es nicht angesprochen, redeten sie noch jetzt teilweise im Selbstgespräch. Und, klar „mei Gudsder", ich lasse jetzt auch Sachsen zu Wort kommen.

Das war bis hierher eine schöne Reise auf die Seepferdchen-Insel. Ich durfte eigene Empfindungen und Erfindungen zum Buch machen. Das liebe ich!

In den nächsten Urlaub auf die Insel nehme ich das gedruckte Buch mit und lese es ganz in Ruhe immer da, wo es gerade spielt: Am Strand, im Hafen, in der Heide, auf dem Gellen und auf dem Bessin … und am Leuchtturm sowieso.

Und dann will ich sicher … sofort wieder ein Hiddensee-Büchlein schreiben!

Matti Sund & Dorit Biel: Das Corona-Ende

Das Buch „Das Corona-Ende“ erschien am 20. Mai 2020 und war der erste Roman über die Pandemie in Deutschland.

Die Corona-Covid 19-Pandemie ist und bleibt eine der größten Herausforderungen, mit der die Menschheit je konfrontiert war und ist.

Der spannende Roman erzählt vor dem Hintergrund der weltweiten Krise die bewegende Geschichte von Stefanie und Sebastian, deren eigenes Leben binnen kürzester Zeit auf dramatische Weise von den Geschehnissen auf den Kopf gestellt wird.

Während Stefanie in ihrer Firma unter Hochdruck an einem wirksamen Medikament gegen Covid-19 forscht, arbeitet Sebastian, infiziert und mit immer heftigeren Symptomen, an einem Roman, in dem Wahrheit und Fantasie verschmelzen: Muss der Turmhelm der Rostocker Petrikirche wegen eines verborgenen Schatzes abgerissen werden, war der erzählte Mord real und weshalb ist dieses Buch ein Buch für den Staatsanwalt?

Sund und Biel schrieben in selbstverordneter 14-tägiger Corona-Quarantänezeit, dicht am gegenwärtigen, sich täglich ändernden Geschehen, unmittelbar vor dem Hintergrund ihrer eigenen und der Erfahrungswelt ihrer Leser.

Auch Ihr aktuelles Erleben wird hier erzählt!

spannend – hautnah – emotional

STEFFEN VERLAG, 2020
ISBN: 978-3-95799-097-6
12,95 €

Matti Sund
kick by kick! Die ROLLERKUR

Der körperlich etwas eingerostete Werbefachmann Merlin Lenz (53) wird durch Ärzte gedrängt, aus gesundheitlichen Gründen sportlich aktiv zu werden. Über das Joggen und fast zufällig, wird er Tretrollersportler. Er wird durch seinen Freund Hannes gedrängt, etliche Monate später an der ersten Tretroller-Senioren-WM für Newcomer teilzunehmen.

Wir begleiten Merlin auf seinem zweijährigen Trip zur WM und erleben die absonderlichsten Geschichten auf seinem Weg zu einem fitten Radelrutscher: in seinen zwischenmenschlichen und Liebes-Beziehungen, im Job, beim Sport, bei Niederlagen und Siegen.

Ein einstündiges, dramatisches und grotesk-komisches Tretroller-WM-Rennen durchzieht die Geschichte als roter Faden. Rückblenden und Rennepisoden definieren die spannenden Ent- und Verwicklungen.

Alle Handlungsstränge präsentieren einen zunächst fast lebensuntüchtigen, immer wieder in Fettnäpfchen tappenden, etwas tollpatschigen, oft zurückgeworfenen, sympathischen Kämpfer, der einem großen Ziel zustrebt, sich selbst zu finden.

Leser*innen im Alter zwischen 20 und 90 bestätigen einen witzigen Plot, eine angenehme Gagdichte, einen stillen, immer mitschwingenden Humor, eine mutmachende und ansteckende Fröhlichkeit sowie eine Grundaussage, die auch für jeden anderen Lebensbereich gelten kann: „Gib nicht auf!“

SPICA Verlag, 2022
ISBN: 978-3-98503-037-8
14,90 € (D)

Matti Sund
Kriegsrad. Eine Novelle

Als Matti Sund in den ersten Februartagen 2022 das Manuskript des Buches abschloss und es an den Verlag übersandte, gab er dem Text die folgenden Sätze mit auf den Weg:

„In absehbarer Zeit wird die Kriegsgeneration, werden also damals junge Menschen, die noch aus eigenem Erleben über den Zweiten Weltkrieg berichten können, verstorben sein. Umso wichtiger ist es, ihre Geschichte(n) festzuhalten."

Wenige Tage später begann Russland den Krieg in der Ukraine.

Die Novelle „KRIEGSRAD" erzählt die Geschichte des 16- bis später 18-jährigen Otto S., der 1945 aus Elbing verschleppt, im sibirischen Gulak Anscherka die schlimmste Zeit seines Lebens übersteht, ein Trauma, das ihn bis zu seinem Alter von 93 Jahren nicht loslässt.

Eingebettet in eine heutige Rahmengeschichte begleiten wir Otto durch die 1940-er Jahre, durch eine noch fast unbeschwerte Jugendzeit, wir erfahren, wie sich sein Schicksal schlagartig wendet und erleben mit ihm schreckliche Lagermonate mit ihren dramatischen Auswirkungen auf Körper und Geist.

Der Ich-Erzähler greift in die Handlung ein, er reist der Vergangenheit nach und vermag es, eine der wichtigsten Fragen des Alten nach mehr als 75 Jahren aufzuklären.

Das Buch endet – novellentypisch – mit einem bündelnden und wertenden Schluss, der die Zukunft offenhält. Der letzte Satz des Buches beschreibt Resümee, Hoffnung und vagen Ausblick.

SPICA Verlag

ISBN: 978-3-98503-036-1

11,80 € (D)

Herausgeber

Redieck & Schade GbR. Journalisten & Publizisten

1. Auflage, 2023

Autor: Matti Sund

info@matti-sund.de

Für den Inhalt des Werkes zeichnet der Autor verantwortlich.

Layout: Gordon Kiel, OSTSEEDRUCK GmbH

Redieck & Schade GbR. Journalisten & Publizisten

Pappelallee 13

18147 Rostock

ISBN: 978-3-948188-34-4